区块链供应链金融
规范管理与风险管控

韩大涛 著

中国商业出版社

图书在版编目（CIP）数据

区块链供应链金融规范管理与风险管控／韩大涛著.—北京：中国商业出版社，2020.8
ISBN 978-7-5208-1213-9

Ⅰ.①区… Ⅱ.①韩… Ⅲ.①区块链技术-应用-供应链管理-金融业务-研究 Ⅳ.①F253.9

中国版本图书馆 CIP 数据核字（2020）第 142445 号

责任编辑：滕 耘

中国商业出版社出版发行
010-63180647 www.c-cbook.com
（100053 北京广安门内报国寺 1 号）
新 华 书 店 经 销
天津冠豪恒胜业印刷有限公司印刷

* * *

710 毫米×1000 毫米 16 开 12 印张 196 千字
2020 年 8 月第 1 版 2020 年 8 月第 1 次印刷
定价：48.00 元

* * *

（如有印装质量问题可更换）

前　　言

中小企业融资难、融资贵，一直是长久以来困扰我国金融发展的难题。对中小企业而言，常常苦于融资渠道单一，得不到正规金融机构的支持；对于以商业银行为代表的广大金融机构而言，由于缺乏有效的风险评估和控制手段，同样面临着中小企业贷款风险较高、还款能力不能保证的难题。中小企业和金融机构的信用壁垒成为横亘在两者之间的"大山"。而供应链金融的出现，为这些问题的解决带来了新的希望。供应链金融以供应链中产业链（核心企业）为依托，一方面帮助中小企业盘活其流动资产，解决其融资难题；另一方面以风险管理为保证，运用自偿性贸易融资的方式，将金融服务在整条供应链全面铺开，既致力于产业链交易的放大，又实现了金融服务的普惠，为金融机构挖掘了新的盈利增长点，达成了参与企业和金融机构的合作共赢。

国家统计局统计数据显示，2017 年，我国供应链金融市场的供需规模分别为 19 万亿元人民币和 62 万亿元人民币，未满足的需求占总需求的 69%。预计到 2021 年，该需求将达到 93 万亿元人民币。由此可见，我国供应链金融市场发展迅速、规模巨大，且有着巨大的供需缺口，前景可观；但同时我们也应注意到，完善的中小企业信用评价体系仍然还未建立，虽然供应链金融能有效规避单一企业的信用风险，但却不能完全消除信用风险。这时，区块链的出现，正是解决"信任"问题最好的办法之一。供应链金融+区块链，为这些多方参与者提供了更安全、透明的解决方案，给人们留下的"空间"似乎变得更大。

从国家层面上来讲，支持供应链金融和区块链发展的政策不断加码。2017 年 10 月，国务院办公厅发布《关于积极推进供应链创新与应用的指导意见》，其中"积极稳妥发展供应链金融"是六项重点工作之一，提出要研究利用区块链、人工智能等新兴技术，建立基于供应链的信用评价机制。

2019年1月，国家互联网信息办公室发布《区块链信息服务管理规定》，明确了区块链信息服务提供者的信息安全管理责任，规范和促进了区块链技术及相关服务的健康发展，规避了区块链信息服务安全风险，为区块链信息服务的提供、使用、管理等提供了有效的法律依据，意味着我国正式迎来对于区块链信息服务的"监管时代"。

2019年10月，习近平总书记在中共中央政治局就区块链技术发展现状和趋势的第十八次集体学习中强调，区块链技术的集成应用在新的技术革新和产业变革中起着重要作用。我们要把区块链作为核心技术自主创新的重要突破口，明确主攻方向，加大投入力度，着力攻克一批关键核心技术，加快推动区块链技术和产业创新发展。

习近平总书记在讲话中指出，区块链技术应用已延伸到数字金融、物联网、智能制造、供应链管理、数字资产交易等多个领域。目前，全球主要国家都在加快布局区块链技术发展。我国在区块链领域拥有良好基础，要加快推动区块链技术和产业创新发展，积极推进区块链和经济社会融合发展。

本书主要围绕区块链出现的背景、涉及的核心技术、区块链技术的应用以及发展历程展开阐述，厘清了区块链技术与供应链金融之间千丝万缕的联系，然后探讨了区块链架构下的供应链金融创新，分析了供应链金融的主要融资模式和风险所在，逐步引入供应链金融风险管控的对象、原则和方法，为解决区块链架构下的供应链金融风险管控提供参考。

本书力求理论与实际相结合，希望能为供应链金融企业、互联网金融企业的从业人员以及相关专业人员提供一定的参考与借鉴。由于时间仓促、能力有限，书中难免存在不足之处，诚请广大读者批评指正。

目　录

第一章　认识区块链 ……………………………………………… 1
第一节　区块链概述 …………………………………………… 3
一、区块链简介 ……………………………………………… 3
二、相关专业词汇释义 ……………………………………… 5
三、区块链的特点 …………………………………………… 7
四、区块链的分类 …………………………………………… 12
第二节　哈希算法 ……………………………………………… 16
一、哈希算法的特性 ………………………………………… 17
二、哈希算法的分类 ………………………………………… 18
第三节　数字签名 ……………………………………………… 19
一、数字签名的主要技术 …………………………………… 19
二、数字签名的签名和验证 ………………………………… 21
第四节　共识机制 ……………………………………………… 22
一、共识机制的目标 ………………………………………… 22
二、区块链常用的共识机制 ………………………………… 23
第五节　智能合约 ……………………………………………… 25

第二章　区块链技术的应用与发展历程 ………………………… 29
第一节　区块链技术的应用 …………………………………… 31
一、金融领域的应用 ………………………………………… 31
二、供应链管理领域的应用 ………………………………… 32
三、智慧城市与公共服务领域的应用 ……………………… 33
四、信息安全领域的应用 …………………………………… 34

1

第二节 区块链的发展历程 ········· 35
一、区块链1.0：加密数字货币 ········· 35
二、区块链2.0：企业应用 ········· 37
三、区块链3.0：价值互联网 ········· 39

第三章 供应链金融 ········· 41

第一节 供应链与供应链金融概述 ········· 43
一、供应链的概念 ········· 43
二、供应链金融的产生背景和概念 ········· 45
三、供应链金融的特点 ········· 48
四、供应链金融与传统金融的异同 ········· 49

第二节 供应链金融的参与主体与相应模式 ········· 51
一、核心企业主导模式 ········· 53
二、商业银行主导模式 ········· 54
三、物流企业主导模式 ········· 56
四、供应链协作服务商 ········· 57
五、电商平台模式 ········· 59

第三节 供应链金融的需求主体 ········· 60
一、中小企业的定义 ········· 60
二、中小企业的规模及产值 ········· 61
三、中小企业融资渠道分析 ········· 62
四、中小企业融资成本分析 ········· 63
五、中小企业融资难的原因分析 ········· 63

第四章 区块链架构下的供应链金融 ········· 67

第一节 区块链供应链金融的实质 ········· 69
第二节 区块链供应链金融创新 ········· 72
一、传统供应链金融模式和存在的问题 ········· 73
二、基于区块链的供应链金融新模式 ········· 76
三、基于区块链的供应链金融创新方向 ········· 78

第三节　基于区块链技术的供应链金融公共服务平台建设 …………… 81
　　　一、公共服务平台技术架构 ……………………………………………… 81
　　　二、区块链供应链金融公共服务平台的组织形式 …………………… 82
　　　三、区块链供应链金融公共服务平台体系结构 ……………………… 84
　　　四、数据存储方式 ………………………………………………………… 86

第五章　供应链金融的主要融资模式 …………………………………………… 89
　　第一节　应收账款融资模式 …………………………………………………… 91
　　　一、保理融资 ……………………………………………………………… 91
　　　二、保理池融资 …………………………………………………………… 94
　　　三、反向保理融资 ………………………………………………………… 95
　　　四、融资租赁保理 ………………………………………………………… 96
　　第二节　存货融资模式 ………………………………………………………… 98
　　　一、静态质押融资 ………………………………………………………… 98
　　　二、动态质押融资 ………………………………………………………… 99
　　　三、仓单质押融资 ……………………………………………………… 101
　　第三节　预付账款融资模式 ………………………………………………… 103
　　　一、先款/票后货融资 …………………………………………………… 103
　　　二、保兑仓融资 ………………………………………………………… 104
　　第四节　区块链技术构建应收账款融资平台的应用 ……………………… 105
　　　一、项目背景 …………………………………………………………… 106
　　　二、项目概况 …………………………………………………………… 106
　　　三、浙商银行企业应收款链平台 ……………………………………… 109
　　　四、项目意义 …………………………………………………………… 110

第六章　供应链金融的风险所在 ………………………………………………… 111
　　第一节　供应链风险和供应链金融风险 …………………………………… 113
　　　一、供应链风险 ………………………………………………………… 113
　　　二、供应链金融风险的概念及类型 …………………………………… 117
　　　三、供应链金融风险的特性 …………………………………………… 122

第二节　供应链金融资金来源分析 ································· 124
　　一、商业银行 ··· 125
　　二、融资租赁公司 ··· 125
　　三、小贷公司 ··· 126
第三节　供应链金融的风险来源分析 ····························· 126
　　一、外部风险 ··· 127
　　二、内部风险 ··· 129

第七章　供应链金融风险的管控 ······································· 133
　第一节　供应链金融风险管控的对象 ····························· 135
　第二节　供应链金融风险的控制原则 ····························· 136
　　一、业务闭合化 ··· 136
　　二、交易信息化 ··· 138
　　三、收入自偿化 ··· 141
　　四、管理垂直化 ··· 142
　　五、风险结构化 ··· 144
　　六、声誉资产化 ··· 145
　第三节　供应链金融风险的识别 ····································· 149
　　一、外部环境与行业系统风险的识别 ······················· 149
　　二、供应链系统风险的识别 ····································· 150
　　三、信用风险的识别 ··· 151
　　四、贸易真实性风险的识别 ····································· 153
　　五、业务操作风险的识别 ··· 154
　第四节　供应链金融风险的评估 ····································· 155
　　一、评估方法 ··· 156
　　二、评估体系的构建 ··· 157
　第五节　供应链金融风险的控制 ····································· 159
　　一、风险回避 ··· 159
　　二、风险转移 ··· 160
　　三、风险自留 ··· 161

四、损失控制 ……………………………………………………… 163
第八章　区块链架构下的供应链金融风险管控 …………………… 165
　第一节　区块链技术在供应链金融风险管控中的应用 ………… 167
　　一、区块链技术天生是供应链金融风险管控最好的工具 …… 167
　　二、人工智能比人脑更具有优势 ……………………………… 168
　　三、"区块链+人工智能"是金融风险管控的倍增器 ………… 169
　第二节　区块链架构下供应链金融风险管控的对策及建议 …… 169
　　一、加强对市场风险的识别预防管理 ………………………… 169
　　二、强化整个供应链相关授信主体的综合准入管理 ………… 170
　　三、优化业务操作流程，规范各操作环节职责要点 ………… 171
　　四、提升对抵质押资产的动态管理 …………………………… 171
　　五、完善针对物流监管方的监督检查机制 …………………… 172
　　六、要加快区块链技术的发展和信息系统建设 ……………… 173
　第三节　区块链架构下供应链金融风险管控的发展趋势 ……… 173
　　一、支付、清算和结算 ………………………………………… 174
　　二、数字化资产登记 …………………………………………… 174
　　三、"区块链+供应链金融"前景广阔 ………………………… 175
　　四、"区块链+供应链金融"风控创新的实现路径 …………… 176
参考文献 …………………………………………………………… 178

第一章

认识区块链

近几年,区块链技术异军突起,得到了社会各界的广泛关注,而区块链与供应链金融的结合,更是一种颠覆式的信用创新机制,是一种名副其实的新模式。在此之前,让我们先来认识一下区块链。

第一节　区块链概述

一、区块链简介

区块链（Blockchain）的概念最早可以追溯到 2008 年末，一位名叫中本聪的神秘人士首次提出了区块链的概念。为解决电子货币的安全问题，中本聪提出可由时间戳服务器为一组，以区块（Block）形式存在的数据实施哈希（Hash）算法后加上时间戳，并且广播该哈希，每个时间戳将前一个时间戳纳入哈希中，随后的时间戳会对之前的时间戳进行增强，由此形成了一个"区块链"。

不同的人对区块链概念的理解有不同的看法。有人认为，区块链是一种按照时间顺序将数据区块以顺序相连的方式组合成的一种链式数据结构，并以密码学方式保证的不可篡改和不可伪造的分布式账本。也有人认为，区块链是构建在点对点网络上，利用链式数据结构来验证与储藏数据，利用分布式节点共识算法来生成和更新数据，利用密码学的方式保证数据传输和访问的安全，利用由自动化脚本代码组成的智能合约来编程和操作数据的一种全新的分布式基础架构与计算范式。

简而言之，区块链是一串使用密码学方法相关联产生的数据块，它提供了一种去中心化的、无须信任积累的信用建立范式。简单来说，区块链是一种记录事件的方式，是记录历史的新形态。

区块链技术本质上是去中心化且寓于分布式结构的数据存储、传输和证明的方法，用数据区块取代了目前互联网对中心服务器的依赖，使得所有数据变更或者交易项目都记录在一个云系统之上，理论上实现了数据传输中对数据的自我证明。区块链中的核心要素有交易、区块以及链。交易是被存储在区块链上的实际数据；区块是记录确认某些交易是在何时、以何种顺序成为区块链数据库的一部分；链就是盖上时间戳，不可伪造。区块链技术在虚拟的空间创造了一种记录数据的方法，记录能被所有节点共享，同时不被任何节点所控制,谁都不能随意删除和修改(但可以增加且持续增长)。

这种公开、共同确认、不可篡改的记录开始具备一种重要的属性——约束参与人的行为且形成可以信赖的预期,即信用。完整的交易历史使得参与人在全体参与人的见证下,以理性克制主体的违约动机。这种弱化第三方强制力、实现成员自觉守信的模式,对于不见面交易、互不信任者之间的交易,具有简便易行、大幅降低交易成本的优势。现实世界中大量的场景都具有这种模式的发挥空间,这是区块链目前被人们寄予厚望的原因所在。

区块链技术在金融活动创新中的优势也正是在于其分布式去中心化、无须信任系统以及不可篡改和加密安全性。分布式去中心化指的是由于区块链中每个节点都必须遵循同一记账交易规则,而这个规则是基于密码算法而不是信用,同时每笔交易需要网络内其他用户的批准,所以去中心化的交易系统不需要一套第三方中介机构或信任机构背书。无须信任系统是针对以往资金借贷或其他金融活动中往往需要中央机构的信用背书,但是随着参与者越来越多,活动越来越复杂,这种中央化信用背书的效率在下降。而在区块链网络中,通过算法的自我约束,任何恶意欺骗系统的行为都会遭到其他节点的排斥和抑制,因此,区块链系统不依赖中央权威机构支撑和信用背书。不可篡改和加密安全性指的是区块链采取单向哈希算法,同时每个新产生的区块严格按照时间线性顺序推进,时间的不可逆性导致任何试图入侵篡改区块链内数据信息的行为都很容易被追溯,导致被其他节点排斥,从而可以限制相关不法行为。

具体来讲,区块链的工作原理如图1-1所示。第一是交易界定,即传递者创建交易,并将之发送到网络。交易的信息包括接收者的公共地址、交易的价值、能够证明交易真实性的加密数字签名。第二是交易认证。网络的节点(计算机/用户)接收该消息并通过解密数字签名认证消息的有效性。通过身份验证的交易被放置在一个未决的交易"池"。第三是创建区块。这些未决的交易被网络中的某个节点一起放在一个不断更新的台账,称为区块。节点在网络中传播区块进行验证。第四是验证区块。网络中的节点验证者接收到区块后,通过反复不断地迭代过程(挖矿)验证真实性,并获得网络中大多数的认同。不同的区块链技术使用不同的验证技术,但不管用什么技术,都要确保每一笔交易是有效的，不能发生欺诈行为。第五是块链接。如果所有的交易都被证实了，那么新区块就会被链接到区块链中，新的记账会传播到网络中，这个过程可以在3~10秒内完成。

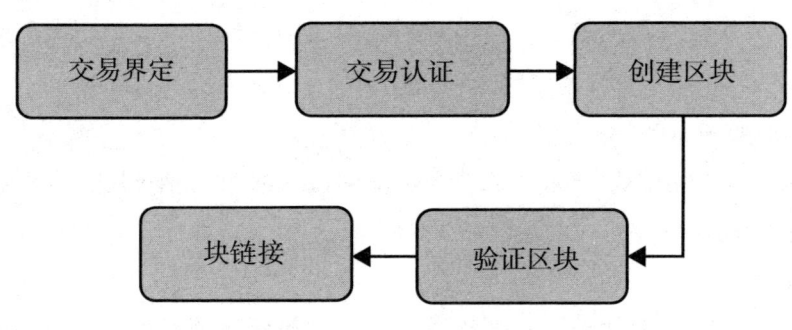

图1-1　区块链的工作原理

二、相关专业词汇释义

（一）区块

区块就是区块链中的一条记录，包含并确认待处理的交易。它表示计算里存储的一种数据结构，本质上是一串代码，包含了两部分信息：一是该区块的"身份信息"，比如区块诞生时间、区块高度（第多少个区块）、区块哈希值、区块的体积大小（字节数）等，这些信息证明区块的有效性，是和上一个区块连接起来的，并给下一区块提供身份信息；二是最重要的交易信息，在上一区块产生后到这一区块出现的时间间隔里，没有被打包的有效交易，都可以被记录在该区块上。

（二）节点

区块链中的节点指的是区块链网络中的计算机，包含手机、矿机和服务器等。例如，由大量个人或者家庭用户参与的区块链，每个个人或者家庭都是区块链的节点。随着区块链技术的发展，区块链已经从最初的1.0阶段发展到3.0阶段，各种形态不同的链展现在大家面前，有些区块链中的节点有很多（如以太坊），而有些区块链中的节点又很少（如EOS）。

(三) 挖矿

挖矿是指通过计算形成新的区块，是交易的支持者利用自身的计算机硬件为网络做数学计算进行交易确认和提高安全性的过程。以比特币为例，交易支持者（矿工）在计算机上运行相关软件，通过不断计算软件提供的密码学问题，来保证交易的进行，作为对服务的奖励，矿工可以得到他们所确认的交易中包含的手续费，以及新创建的比特币。这一过程便称为挖矿。

(四) 哈希散列

哈希散列是密码学技术，把任意长度的输入通过哈希算法，变换成固定长度的由字母和数字组成的输出。

(五) 区块链组成

区块链是由一串使用密码学算法产生的区块链接而成的。这些区块按顺序形成链状结构，而且每一个区块都是在前一个区块的数据的基础上形成的，只有前一个区块生成后才能计算符合条件的随机数，参见图1-2。

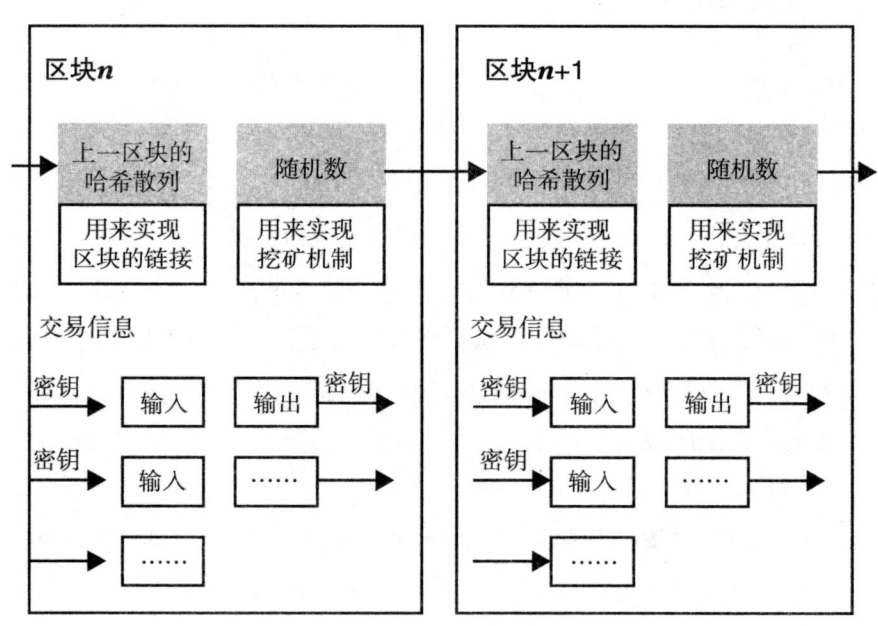

图1-2　区块和区块链的组成

三、区块链的特点

区块链技术是一种分布式账本技术,具有安全存储数据、信息不可伪造和篡改的优点,可以减少甚至不需要第三方信用中介的参与,由数字资产的所有交易历史、参与者的共同监督来形成信用,自动执行智能合约,是多种计算机技术在互联网时代的创新应用模式,无须任何中心化机构的审核,能有效解决参与各方的信任问题。虽然不同文献对区块链的特点措辞不同,但大致对以下五个基本特点达成了共识。

(一)去中心化

所谓去中心化,是指由于区块链使用分布式核算和存储,不存在中心化的硬件或管理机构,任意节点的权利和义务都是均等的,系统中的数据块由整个系统中具有维护功能的节点来共同维护。去中心化是区块链技术的颠覆性特点,能有效减少交易当事人之外的资源参与交易,达到节约资源、交易自主化、流程简单化的目标,排除被中心化代理控制的风险。整个区块链的所有节点实时同步,谁也无法实现全局控制,且永不宕机。

去中心化是互联网发展过程中形成的社会关系形态和内容产生形态,是相对于中心化而言的新型网络内容生产过程。在一个分布有众多节点的系统中,每个节点都具有高度自治的特征。节点之间彼此可以自由连接,形成新的连接单元。任何一个节点都可能成为阶段性的中心,但不具备强制性的中心控制功能。节点与节点之间的影响,会通过网络而形成非线性因果关系。这种开放式、扁平化、平等性的系统现象或结构,就是我们所说的去中心化。

作为区块链诸多特性中的最重要的一个特点,其使用分布式储存与算力,使得整个网络节点的权利与义务相同,系统中数据本质为全网节点共同维护,从而区块链不再依靠于中央处理节点,实现数据的分布式存储、记录与更新。而每个区块链都遵循统一规则,该规则基于密码算法而不是信用证书,且数据更新过程都需用户批准,由此奠定区块链不需要中介与信任机构背书。

可以说,区块链的去中心化就是去中介化。在互联网时代,人们对中心化机构有着绝对信任,而区块链则是把用户对于第三方机构的信任转化为用户对于代码的绝对信任。这种特性,使得区块链拥有赋能于更多场景的可能性,如信息管理领域、支付领域等,举个例子,在信息管理领域,每个人的数据信息就相当于商品,能够自由流通,其交易流程由数据持有者和数据需求方直接进行交易,而区块链的去中心化特性,可以让交易双方在没有任何中介机构参与的情况下,完成双方互信的转账。

另外,去中心化并不代表着系统不接受监管,去中心化去的是中央控制方和中介方,而不是监管方,甚至,区块链中的监管节点可以方便地接入任何一个区块链网络。由于区块链的公开透明特性,监管机构反而可以更加方便地监控整个系统的交易数据,而且由于区块链的防篡改特性,交易一旦发生后即不可更改、不可删除,那种数据造假蒙蔽监管的情况就不可能发生了,更有利于监管机构对市场行为进行监督。由此可见,区块链将成为监管机构的重要工具。

综上可知,去中心化主要有以下几个优点。

(1) 容错力:在中心化的结构中,一旦中心出现问题,其他节点就容易全线崩溃。而去中心化的系统不太可能出现意外,因为它不依赖于某一节点,而其他节点不可能一起出问题。

(2) 抗攻击力:去中心化的系统会让攻击成本变高,因为它缺少敏感的中心点。一般而言,攻击只有一个中心点的中心化结构,攻击成本较低,因为只要攻击其唯一的中心点就可能使整个系统完全崩溃,这也是越来越多投资者关注区块链技术的原因,大家都希望去中心化技术变得更加成熟。

(3) 防勾结串通:去中心化系统中的参与者难以牺牲其他参与者为代价,而密谋使自己获利,可以有效地防止不轨者勾结串通。

(二) 开放性

所谓开放性,是指区块链系统是开放的,除了交易各方的私有信息被加密外,区块链的数据对所有人都公开,任何人都能通过公开的接口查询区块链数据,或进行相关应用的开发,因此整个系统的信息可谓高度透明。

目前来看,区块链的开放性主要体现在以下三个方面:账目的开放性,即所有历史交易记录对外公开;组织结构的开放性;生态的开放性。

1. 账目的开放性

与传统数据库不同,区块链是分布式记账的,而且所有的历史记录都对外公开，所有人都可以查阅相关的记录并且进行验证。账本是随着时代和经济的发展不断变化的，从一开始的结绳记事，到后来记流水账，再到后来商业更加发达，有了公司之后，才开始有了更复杂的记账方法。

当最开始公司规模比较小的时候，比如个人企业或者合伙企业，那时候账本是公司最私密的东西，只有最高的管理层和企业所有者能看到；但是到了现在的股份公司、上市公司时代，企业的财务报告都是对外公开的，而且还要接受第三方审计。因为这时的企业已经不是某一个人所独有的，而是大众所有，所有利益相关者都有权利知道公司的财务信息，所以账目也就需要对外公开。可以预料，随着大规模协作程度越来越紧密，账本的公开程度会越来越高已经成了未来的趋势。

如果说传统的"内部记账+外部审计"模式所产生的信任就已经足够支撑一个资本主义商业文明的话，那么假如区块链的分布式记账真的普及开来，账目完全对外公开而且不可篡改，许多互不认识又互相监督的人来负责给你记账，这时候的账目产生的信任是更加深层次的。

2. 组织结构的开放性

区块链的开放性也体现在组织结构上。从历史经验来看，每一次公司制度的发展都对应着公司组织结构的开放，也就是对应着利益相关者人数的数量级增加。

例如，最开始的个体户，股东就一个人，管理权和收益权都集中在一个人身上。后来出现了合伙企业，比如说10个人合伙，管理权开始复杂化，收益权开始分散化，收益由10个人分享。然后又出现了有限责任公司、股份公司，公司的管理权进一步复杂化，并且出现权力的代理，比如股东把权力委托给管理层代管，但是收益仍然由全体股东共享，这时候股东人数甚至可以到达200人，收益也由这200人分享。再到后来出现了上市公司，管理权进一步复杂化，CEO、董事会、股东大会，股东人数直线上升，成千上万。

细探这背后的趋势，就会发现它就是越来越多的普通人可以脱离公司的管理，直接参与公司的收益分配。

随着公司利益相关者的一步步增多，量变引起了质变，一旦公司成为上市公司后，它与非上市公司相比有了非常大的不同，比如说有了定期报告制度、要接受证监会管理、对公众负责等。

当公司利益相关者在上市公司层面继续上升一个数量级的时候，这时的公司就不仅仅是上市公司，而是整个底层的经济逻辑就开始具有开放性，或者有人称为开源经济。

这个"开源"一方面是指公司的代码开源，另外一方面也指公司的生产者、消费者、投资者、供应商等利益相关者多位一体。

3. 生态的开放性

开放的账目和开放的组织结构都是最底层的基础，最终的目的是构建一个开放的生态。在这个生态当中，价值的传递越来越容易，成本越来越低，效率越来越高。

以以太坊为例，最初以太坊发展起来之后，基于以太坊开发的代币有成千上万种，这些代币的底层协议相同，相互之间的转账速度非常地快，基于这些技术发行的代币越多，以太坊的网络效应就越强，以太坊的生态就会越来越丰富、越来越完整。

（三）自治性

区块链具备自治性的特点是由于区块链建立在规范和协议的基础上。区块链采用基于协商一致的规范和协议（如公开透明的算法），使系统中的所有节点都能在去信任的环境中自由、安全地交换数据，让对"人"的信任改成对"机器"的信任，任何人为的干预都无法发挥作用。

区块链上的自治，让参与方、中心系统按照公开算法和规则形成了一种自动协商一致的机制，记录在区块链上的每一笔交易都更加准确、更加真实，每个人都能对自己的数据做主，是实现以客户为中心的商业重构的重要一环。

在有关信息的质量和真实性上，区块链能够为人类提供高精度调制。一旦大数据、云计算、物联网、人工智能、机器人等越来越多，并被连接到一个可以互相通信的网络，不同的程序为了实现自己的目标，数字智能就会要求其在网络上进行传输和交易，许多任务都可以通过区块链来自动管理。

（四）不可篡改性

所谓不可篡改性，是指一旦信息经过验证并添加到区块链，就会被永久地存储起来，除非同时控制系统中超过51%的节点，否则单个节点上对数据库的修改都是无效的。正因为信息的不可篡改性，区块链数据的稳定性和可靠性都非常高，区块链技术从根本上改变了中心化的信用创建方式，通过数学原理而非中心化信用机构来低成本地建立信用，人们生活、工作中所涉及的所有证件都可以在区块链上进行公证，拥有全球性的中心节点，变成全球都可以信任的东西。

由此，区块链可以完整、不可篡改地记录价值转移的全过程，这使得账本证明交易记录具有唯一性，即同一个标的物不可能同时卖给两个人，也即避免出现"双花攻击"问题。

（五）匿名性

所谓匿名性，是指节点之间的交换遵循固定算法，其数据交互是无须信任的，交易双方不用通过公开身份的方式让对方对自己产生信任，有利于信用的累计。在这里，匿名是指每个人的身份是无法被人知道的。区块链从来都不是真正匿名的，而是非实名的，非实名是指每个人在区块链上有一个和真实身份无关的虚拟身份，但是这个虚拟身份做的所有事情都是透明的。

目前，区块链的匿名性特征还是主要应用在数字加密货币领域，但是匿名性特征对于数字货币来说却是一把"双刃剑"，一方面，用户使用数字货币进行交易时，区块链的匿名性特征可以保护用户，不泄露用户的个人隐私；另一方面，当涉及非法交易时，进行非法交易的用户也将受到区块链匿名性的保护，执法机构将很难找出罪魁祸首。因此，在对区块链技术的应用和把控上，我们仍然任重道远。

（六）集体维护

所谓集体维护，是指区块链系统中的数据块由系统中所有具有维护功能的节点来共同维护，而这些具有维护功能的节点是开源的，任何人都可以参与。

在中心化网络体系下，系统的维护和经营依赖于数据中心等平台的运维和经营，成本不可省略；而区块链的节点是任何人都可以参与的，每一个节点在参与记录的同时，也在验证其他节点记录结果的正确性，因此维护效率更高，成本却更低。

区块链系统的安全性是通过挖矿形成的强大算力保证的。由于每笔交易都是通过盖时间戳的方式顺序链接的，当一个人想要伪造一笔交易时，他不仅需要伪造该笔交易对应的区块，还需要伪造该区块之后所链接的所有区块。如果伪造者计算机的算力不能支持他使得伪造区块的速度超过区块链增长的速度，那么伪造的区块就马上会被发现并被弃用。

四、区块链的分类

根据区块链网络中心化程度的不同，分化出以下几种不同应用场景下的区块链。

（一）公有链（Public Block Chains）

公有链是指全网公开，无用户授权机制的区块链，即为每个人都可以参与的公共区块链，如图 1-3 所示。换而言之，公有链上的行为是公开的，它既不受任何人控制，也不归任何人所有，被认为是"完全去中心化"的区块链。

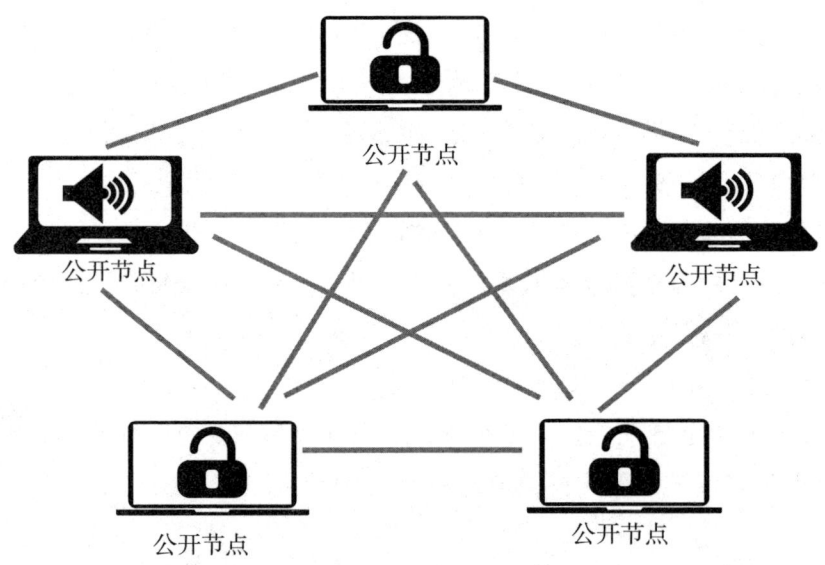

图 1-3　公有链示意图

公有链的特性是公开、透明、去中心化，每个人都可以记账，但也正因为如此（基于工作量证明机制），会导致"挖矿"的人越来越多，因此效率变低,大规模耗电,验证和完整交易需要较长的时间。公有链因其人人可参与、无须授权的特点又称为非许可链,适用于数字货币、电子商务、互联网金融、知识产权等应用场景。

(二)联盟链(Consortium Block Chains)

联盟链是指允许授权的节点加入网络,可根据权限查看信息的区块链,往往被用于机构间,又常称为行业链,如图1-4所示。联盟链的出现,主要是由于很多行业和应用需要保密,而公有链因其公开透明的特性不能适用。联盟链仅限于联盟成员,因其只针对成员开放全部或部分功能,所以联盟链上的读写权限、记账规则等都会按联盟规则来"私人定制"。

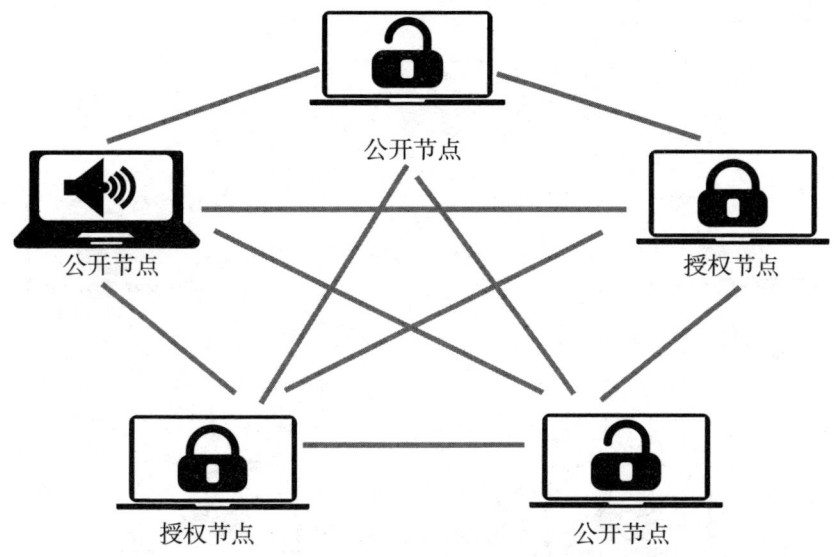

图 1-4 联盟链示意图

联盟链上的共识过程由预先选好的节点控制,一般来说,它适用于机构间的交易、结算或清算等 B2B 场景。例如,多个金融机构将各自的区块链网络连接在一起,形成一个联盟性质的网络,从而便于相互数据对接和协同。

这种方式与现有的中心化系统相比,几乎不需要人工参与,不仅大大提升了结算和清算的效率,还能大大降低结算、清算成本,降低人为介入所带来的偏差。联盟链几乎不采用工作量证明机制，而是采用权益证明或实用拜占庭容错（PBTF）等共识算法。

联盟链由参与成员机构共同维护，并提供了对参与成员的管理、认证、授权、监控、审计等全套安全管理功能。联盟链适用于行业协会、高级别机构组织、大型连锁企业对下属单位和分管机构的交易和监管。

（三）私有链（Private Block Chain）

私有链是指所有网络中的节点都掌握在某一机构手中的区块链。区别于公有链、联盟链开放、半开放的特点，私有链强调的就是私密性，仅限在于一个企业、组织以及机构内的用户访问和交易，如图1-5所示。联盟链和私有链统称为许可链。

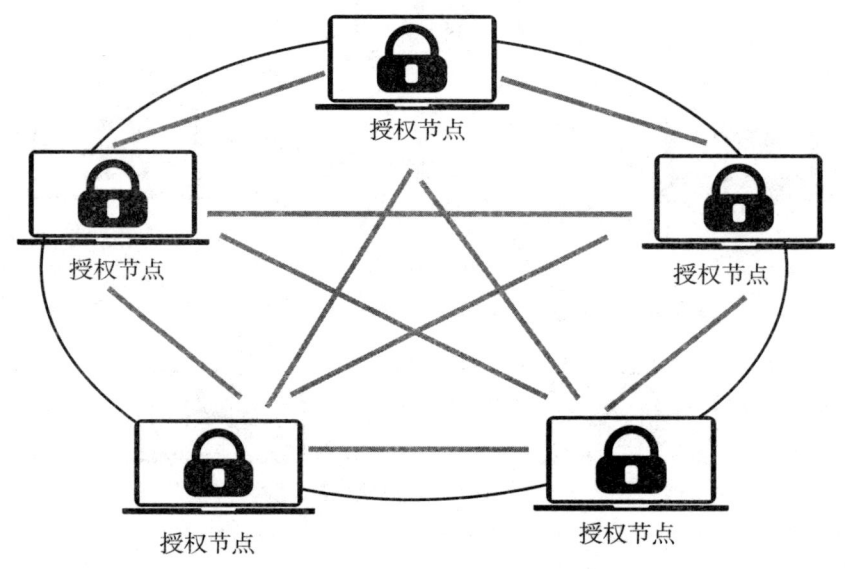

图1-5 私有链示意图

如果把公有链当作互联网，那么私有链就是一个完全封闭的局域网，只是加上了一些区块链技术。私有链对单独的个人或实体开放，仅在私有组织（如公司内部）使用，私有链上的读写权限、参与记账的权限都由私有组织来制定，比如企业内部的办公审批、财务审计，政府行业的预算和执行等。私有链的主要价值在于高安全性、可溯源、不可篡改、自动执行等，这是传统系统很难同时做到的。

例如，一些金融、审计机构，用以存放账本及数据库系统，只有有相关权限的用户才能访问及修改数据。再如，某所大学内开发了一个基于区块链的投票系统，在学校里大家可以用它来进行投票，它对于学校内部和开发者来说是公开透明的，但对于使用者来说是匿名的，因为控制权在学校手中。

由于其私密性，有的私有链也就省略了"挖矿"这一功能，从而大大提升了执行效率。私有链能够防止机构内单节点故意隐瞒或者篡改数据，即使发生错误，也能够迅速发现来源。因此许多大型金融机构在目前更加倾向于使用私有链技术。

公有链、联盟链和私有链的对比如表1-1所示。

表1-1　　　　　公有链、联盟链和私有链的对比

比较项目	公有链	联盟链	私有链
中心化程度	去中心化	多中心化	中心化
参与者	任何人	预先设定，具有特殊特征的成员	中心控制着指定的可以参与的成员
信任机制	工作量证明	共识机制	自行背书
记账者	所有参与者	参与者协商决定	自定
优点	完全解决信任问题；全球用户均可访问，应用程序容易部署，进入壁垒最低	容易进行控制权限定；具有很高的可扩展性	一般而言，没有挖矿过程，网络能耗低；规则修改容易，交易量、交易速度无限制；节点通过授权进入，不存在51%攻击风险
缺点	交易量受限，挖矿能耗高	不能完全解决信任问题	接入节点受限；不能完全解决信任问题
使用场景	网络节点之间没有信任的场景	连接多个公司或中心化组织	节点之间高度信任场景
典型案例	以太坊	清算	金融领域联盟

在实际应用中，单一的某种区块链常常无法满足用户需求，于是就出现了多种类型的结合，比如私有链+联盟链、联盟链+公有链等不同组合形式，最后产生了侧链和互联链。

（四）侧链（Side Chain）

严格来说，侧链不是区块链的一种类型，它只是在现实应用中，开发者对区块链的一种延伸和扩展。它是指遵守侧链规则的任何链，可以用来辅助主链。

侧链技术主要是为方便数字资产在不同区块链之间的互相转移。简单地说，侧链就像是一条条通路，将不同的区块链互相连接在一起，以实现区块链的扩展。侧链完全独立于主链，但是这两个账本之间能够通过双向锚定（Two-way Peg，2WP）机制"互相操作"，实现交互。

侧链是一个独立系统，万一侧链上出现严重问题，也只会影响侧链本身，对主链并无影响。所以，使用侧链技术能够给主链带来更多元的生态，同时也大大提高了主链的效率和整个生态的多样性。

（五）互联链（Inter Chains）

互联链就是各种不同的区块链之间的互联互通所形成的一个更大的生态区块链。例如，电商平台公有链+物流公有链+物流联盟链+银行联盟链+……它们之间的相互协作、通信、共识，就是一个典型的互联链。

第二节 哈希算法

区块链涉及的基础技术主要有哈希算法、数字签名、共识机制和智能合约技术，下面分四节进行简要介绍。

在区块链领域应用得最多的加密签名算法是哈希算法。哈希算法并不是指的某一种算法，而是某一类算法，符合这类型算法的特点就属于哈希算法。其算法特点就是可以将任意长度的信息转换成一段固定长度的字符串。

哈希算法将任意长度的二进制值映射成为固定长度并且较短的二进制值，这个就称为哈希值。哈希算法是一种单向的加密，将一个明文加密成密文，且不可推逆,即一种只能加密,不能解密的密码学算法,所以哈希值是一段数据唯一且紧凑的数值表示形式。由于找到同一值的不同的输入,在计算机上是不可能的,所以数据的哈希值可以检验数据的完整性,一般用于快速查找和加密算法。

一、哈希算法的特性

哈希算法具有正向快速、抗碰撞性、隐秘性、谜题友好等特性。

(一) 正向快速

正向快速是指给定明文和哈希算法后,便能在有限时间内,利用有限资源计算得到哈希值。

(二) 抗碰撞性

抗碰撞性是指无法找到两个不相同的值经过哈希算法之后得到同样的输出,即两个固定位数的字符串不会"碰撞"到一起,完全相同。例如,假设 $M_1 \neq M_2$,无法使得 $H(M_1) = H(M_2)$。就像每个链接应该有一一对应的网页一样。

理想的哈希函数是无碰撞的,但在实际算法的设计中很难做到这一点,只要经过大量的计算,也许会发现两个碰撞的值,虽然这个计算量会是个天文数字。一般有两种抗碰撞性:一种是弱抗碰撞性,即对于给定的消息 M_1,要发现另一个消息 M_2,满足 $H(M_1) = H(M_2)$ 在计算上是不可行的;另一种是强抗碰撞性,即对于任意一对不同的消息 M_1, M_2,使得 $H(M_1) = H(M_2)$ 在计算上也是不可行的。

(三) 隐秘性

隐秘性是指只要作为输入的这个集合足够大,那么输入信息经过哈希函数后具有不可逆的特性,即根据输出是推导不出输入的。例如,在输入集合随意选择一个数 X,有 $H(X) = Y$,虽然知道 Y 的值,但是却推导不了 X 的值。因为在输入中但凡有任何一点的变化,哪怕是一个标点符号不同,输出的结果都会大相径庭。所以说,用户输入信息是不会被别人知道的,是相当安全隐秘的。但是满足这一条的前提是输入集合足够大。

（四）谜题友好

如果对于任意 n 位输出值 Y，如果无法找到一个可行的方法，在比 2 的 n 次方小很多的时间内找到输入值 X，保证 $H(X)=Y$ 成立，那么函数 H 就称为谜题友好。在哈希算法中，如果一个人想找到 Y 值所对应的输入，只要输入集合有随机的信息，那么他将非常难以求得 Y 值对应的输入。

二、哈希算法的分类

如前所述，哈希算法包含了一类具有相同算法特点的算法，种类很多，大致可以分为两大类，一类是普通哈希，另一类是加密哈希。下面介绍区块链中使用最多的两种哈希算法。

（一）MD5 算法

MD5 算法的中文译名为信息摘要算法第 5 版，可以产生一个 128 位哈希值，用于确保信息传输完整一致。MD5 算法的原理可简要地叙述为：MD5 码以 512 位分组来处理输入的信息，且每一分组又被划分为 16 个 32 位子分组，经过了一系列的处理后，算法的输出由四个 32 位分组组成，将这四个 32 位分组级联后将生成一个 128 位散列值。[①]

（二）SHA 算法

SHA 算法的中文译名为安全哈希算法，由美国国家安全局（NSA）设计，并由美国国家标准与技术研究院（NIST）发布、经联邦信息处理标准（FIPS）认证，是美国的政府标准。

SHA 家族由以下算法组成。

（1）SHA-0，是指 1993 年发布的名为"SHA"的原始 160 位哈希函数，由于未公开的"重大缺陷"，推出不久后便被在稍后修订的版本 SHA-1 代替。

（2）SHA-1，在 SHA-0 应用失败后被引用，是一个 160 位哈希函数，类似于早期的 MD5 算法。这是由美国国家安全局设计的数字签名算法的一部分，但在人们注意到加密图形的弱点后被弃用。

（3）SHA-2，是使用 Merkle-Damgard 范例设计而成，具有两种不同字长

---

① 刘俊辉. MD5 消息摘要算法实现及改进 [J]. 福建电脑, 2007 (4): 92-93.

的哈希函数族：SHA-256 和 SHA-512。以 SHA-256 算法为例，无论输入什么样的数据文件，输出都是 256 bit，它是比特币技术使用的算法。

(4) SHA-3，于 2012 年被非 NSA 设计师的公开竞争后选中，支持与 SHA-2 相同的哈希长度，但内部结构与 SHA 系列的其他部分有较大不同，是以太坊的基础加密算法。

第三节 数字签名

区块链技术使用哈希算法实现了交易信息和地址信息的不可篡改，保证了数据传输过程中的完整性，但是哈希算法无法实现交易信息的不可否认性。其中，不可否认性又称为拒绝否认性、抗抵赖性，是指网络通信双方在信息交互过程中，确信参与者本身和所提供的信息真实同一性，即所有参与者不可否认或抵赖本人的真实身份，以及提供信息的原样性和完成的操作与承诺。为此，区块链使用公钥加密技术中的数字签名机制来保证信息的不可否认性。

数字签名（又称为公钥数字签名）是只有信息的发送者才能产生的别人无法伪造的一段数字串，这段数字串同时也是对信息的发送者发送信息真实性的一个有效证明。它具备可鉴别身份、防篡改、防抵赖、防重放等功能。

数字签名是一种类似写在纸上的普通的物理签名，但是使用了公钥加密领域的技术来实现的，用于鉴别数字信息的方法。一套数字签名通常定义两种互补的运算，一种用于签名，另一种用于验证。数字签名是非对称密钥加密算法与数字摘要技术的应用。[①]

一、数字签名的主要技术

（一）非对称加密算法

与对称加密算法在加密和解密时使用的是同一个密钥不同，非对称加密算法需要两个密钥来进行加密和解密，这两个密钥是公开密钥（Public Key，

---

① 刘建华. 物联网安全 [M]. 北京：中国铁道出版社，2013.

简称公钥）和私有密钥（Private Key，简称私钥）。

在对称加密算法中，加密密钥有可能从解密密钥中推算出来，同时解密密钥也可能从加密密钥中推算出来。对称算法的安全性依赖于密钥，泄露密钥就意味着任何人都可以对他们发送或接收的消息解密，所以密钥的保密性对通信性至关重要。

而在非对称加密算法中，设置了公钥与私钥两个密钥，公钥与私钥是一对，如果用公钥对数据进行加密，只有用对应的私钥才能解密；如果用私钥对数据进行加密，那么只有用对应的公钥才能解密，将加密和解密的密钥分离开来，有效提高了加密算法的保密性和安全性。

常用的非对称加密算法有以下几种。

（1）RSA 加密算法：是目前使用最广泛的公钥密码体制之一，是于 1977 年由麻省理工学院的三位数学家罗纳德·李维斯特（Ron Rivest）、阿迪·萨莫尔（Adi Shamir）和伦纳德·阿德曼（Leonard Adleman）一起提出，并且用他们三个人姓氏开头字母命名。

RSA 加密算法的出现打破了以往所有加密算法的规则，是一个支持变长密钥的公开密钥算法，需要加密的文件块的长度也是可变的。它的安全程度取决于密钥的长度，目前主流可选密钥长度为 1024 位、2048 位、4096 位等，理论上来说，密钥越长越难于破解，国内的支付宝就是通过 RSA 加密算法来进行签名验证。

（2）DSA 加密算法：全称为 Digital Signature Algorithm，即数字签名算法，是由美国 NIST 于 1991 年提出。和 RSA 加密算法不同的是，DSA 加密算法仅能用于数字签名，不能进行数据加密解密，其安全性和 RSA 加密算法相当，但其速度要比 RSA 快。

（3）ECC 加密算法：全称为 Elliptic Curves Cryptography，即椭圆曲线密码学。椭圆曲线因为用二元三次方程 $y^2=x^3+ax+b$ 来表示，类似椭圆周长计算方程而得名。

ECC 加密算法和 RSA 加密算法相比，在许多方面都有对绝对的优势，主要体现在：抗攻击性强；计算量小，处理速度快；存储空间占用小；带宽要求低。因此，ECC 加密算法是区块链中常用的非对称加密算法。

（4）ECDSA 加密算法：全称为 Elliptic Curve Digital Signature Algorithm，椭圆曲线签名算法，是 ECC 加密算法和 DSA 加密算法的结合。

（二）数字摘要技术

顾名思义，数字摘要是对数字内容进行哈希运算，以获取唯一的摘要值来指代原始完整的数字内容。形成数字摘要，是哈希算法最重要的一个用途。数字摘要技术采用单向哈希函数将需要加密的明文"摘要"成一串固定长度的密文，这一串密文又被称为数字指纹，它的唯一性可以解决确保内容未被篡改过的问题。

二、数字签名的签名和验证

数字签名主要涉及签名和验证两个环节，如图 1-6 所示。

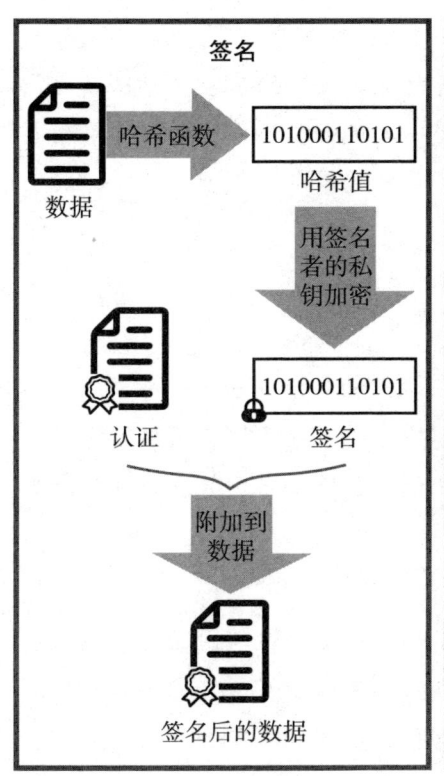
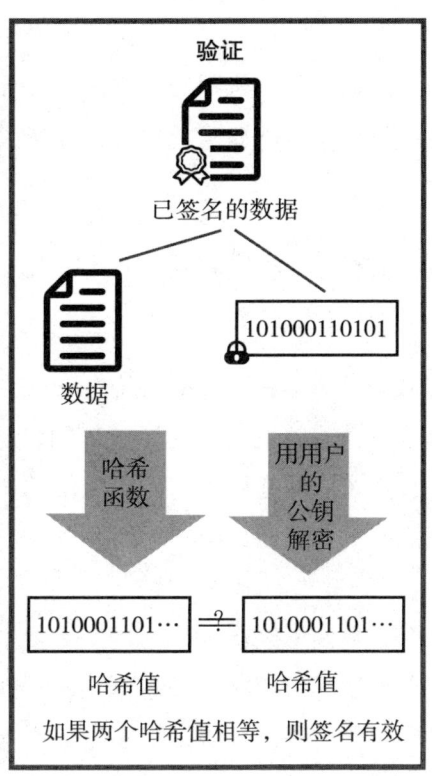

图 1-6　签名和验证环节

总而言之，待发送的文件用哈希算法加密产生了对应的数字摘要，然后发送方用自己的私钥对摘要再进行加密，这就形成了数字签名。

第四节　共识机制

区块链可以看作一本记录所有交易的分布式公开账簿，区块链网络中的每个参与者都把它看作一本所有权的权威记录。改公开账簿的历史数据不可篡改，只允许往后添加，每个节点都具有相同的权限，那么就带来一个问题：公开账簿每个新区块由谁来负责写入？因为所有节点都一样，如果所有节点同时一起写入账簿数据，那么肯定数据会不一致。因此需要一种机制来保证区块链中的每一区块只能由一个节点来负责写入，如何选出写入账簿数据的节点，这就是共识机制，即让平等的参与者按照某种秩序达成一致意见。

可以说，共识机制是指以去中心化的方式就网络的状态达成统一协议的过程，有助于验证和验证信息被添加到分类账簿，确保只有真实的事务记录在区块链上。

一、共识机制的目标

（一）达成一致

共识机制是为了解决围绕分布式系统的最复杂问题之一——数据的真实性和准确性达成统一协议而产生的。与中心化系统不同，区块链上的用户不必信任系统中的任何人，嵌入网络的协议规则确保了公共分类账的状态总是随着大众的共识而更新。

（二）防止"双花攻击"

共识机制可以防止任何用户重复消费，这是在区块链技术出现之前一直存在的数字货币问题。"双花攻击"指的是数字货币有可能被两次消费。区块链共识机制中嵌入的协议规则能够确保只有有效和真实的交易才记在公共透明的账簿中。随着矿工算力扩大以保护交易（以及网络），"双花攻击"或改变交易的数据变得越来越难。

（三）激励机制

创建一个自我调节的无信任系统需要调动网络参与者的积极性。共识机制通过激励好的行为，以及在某些情况下，惩罚坏的行为来实现这一点。比特币使用的第一种共识机制［PoW（工作量证明机制）］，为了让矿工的每一笔交易担保和验证做得更好，会奖励他们比特币。任何针对网络的行动（通过黑客攻击或"双花攻击"）都需要大量的算力和财力，这些资源将更好地用于为系统工作（因为他们只有通过努力才会得到回报），而不是针对系统。

（四）公平公正

区块链的去中心化的一个重要优势是分配授权，任何人都能在同一个基础上参与进来。公共区块链的开源特性使任何人都可以检查和验证底层源代码对网络中的所有参与者是否公平。如果你愿意，就可以轻松地设置一个节点并成为参与者甚至矿工。简而言之，共识机制确保区块链不存在区别对待。

（五）容错机制

在算法领域，容错是指分布式系统在面临威胁或故障时仍能无限运行。共识机制确保区块链是容错的，因此是可靠和一致的。

二、区块链常用的共识机制

不同种类的区块链，需要不同的共识机制来确保区块链上最后的区块能够在任何时候都反映出全网的状态。

目前为止，区块链共识机制主要有以下几种：PoW（Proof of Work，工作量证明机制）、PoS（Proof of Stake，股权证明机制）、DPoS（Delegated Proof of Stake，委托股权证明机制）、Paxos、PBFT（实用拜占庭容错算法）、dBFT、DAG（有向无环图）。接下来主要介绍最常用的 PoW 机制、PoS 机制和 DPoS 机制的原理及应用场景。

（一）PoW 机制

PoW 机制，中文译为工作量证明机制，最早是一个经济学名词，是指系统为达到某一目标而设置的度量方法。简单理解就是一份证明，用来确认你做过一定量的工作，通过对工作的结果进行认证来证明完成了相应的工作量。

PoW 机制具有完全去中心化的优点，在以 PoW 机制为共识的区块链中，节点可以自由进出，并通过计算随机哈希散列的数值解争夺记账权，求得正确的数值解以生成区块的能力是节点算力的具体表现。

在 PoW 机制的应用中，最著名的当数比特币。在区块的生成过程中，矿工需要解决复杂的密码数学难题，寻找到一个符合要求的 Block Hash 由 n 个前导零构成，零的个数取决于网络的难度值。这期间需要经过大量尝试计算（工作量），计算时间取决于机器的哈希运算速度。

而且寻找合理 Hash 值是一个概率事件，当节点拥有占全网 $n\%$ 的算力时，该节点即有 $n/100$ 的概率找到 Block Hash。在节点成功找到满足的 Hash 值之后，会马上对全网进行广播打包区块，网络的节点收到广播打包区块，会立刻对其进行验证。

如果验证通过，则表明已经有节点成功解谜，自己就不再竞争当前区块，而是选择接受这个区块，记录到自己的账本中，然后进行下一个区块的竞争猜谜。为了保证整个账本的唯一性，网络中只有解谜最快的区块才会被添加的账本中，其他的节点再对其进行复制。

假如节点为了争夺解谜最快，而有任何的作弊行为，都会导致网络的节点验证不通过，直接丢弃其打包的区块，这个区块就无法记录到总账本中，作弊的节点耗费的成本就白费了，因此在巨大的挖矿成本下，也使得矿工自觉自愿地遵守系统的共识协议，也就确保了整个系统的安全。

PoW 机制应用广泛，也有着明显的优缺点：计算结果能够被快速验证，系统承担的节点量大，作恶成本高，进而能有效保证矿工自觉遵守规则；需要消耗大量的算法，达成共识的周期较长。

（二）PoS 机制

PoS 机制，中文译为股权证明机制，它要求证明人提供一定数量加密货币的所有权。

PoS 机制的运作方式是，当创造一个新区块时，矿工需要创建一个"币权"交易，交易会按照预先设定的比例把一些币发送给矿工本身。权益证明机制根据每个节点拥有代币的比例和时间，依据算法等比例地降低节点的挖矿难度，从而加快了寻找随机数的速度。

PoS 机制的优点在于，可以缩短达成共识所需的时间，比 PoW 机制更加节约能源；缺点在于，本质上仍然需要网络中的节点进行挖矿运算，转账真实性较难保证。

（三）DPoS 机制

DPoS 机制，中文译为委托股权证明机制。与董事会投票类似，该机制拥有一个内置的实时股权人投票系统，就像系统随时都在召开一个永不散场的股东大会，所有股东都在这里投票决定公司决策。

DPoS 机制在尝试解决传统的 PoW 机制和 PoS 机制问题的同时，还能通过实施科技式的民主抵消中心化所带来的负面效应。基于 DPoS 机制建立的区块链的去中心化依赖于一定数量的代表，而非全体用户。在这样的区块链中，全体节点投票选举出一定数量的节点代表，由他们来代理全体节点确认区块，维持系统有序运行。

同时，区块链中的全体节点具有随时罢免和任命代表的权力。如果必要，全体节点可以通过投票让现任节点代表失去代表资格，重新选举新的代表，实现实时的民主。

DPoS 机制的优点在于，能够缩小参与验证和记账节点的数量，从而达到秒级的共识验证；缺点在于，无法摆脱对于代币的依赖，不能完美解决区块链在商业中的应用问题。

第五节　智能合约

1994 年，计算机科学家、密码学家尼克·萨博（Nick Szabo）首次提出智能合约的概念，它早于区块链概念的诞生。

智能合约又称为智能合同，是由事件驱动的、具有状态的、获得多方承认的、运行在区块链之上的，且能够根据预设条件自动处理资产的程序。智能合约最大的优势是可以利用程序算法替代依赖于人的仲裁和执行的合同。典型的智能合约模型如图 1-7 所示。

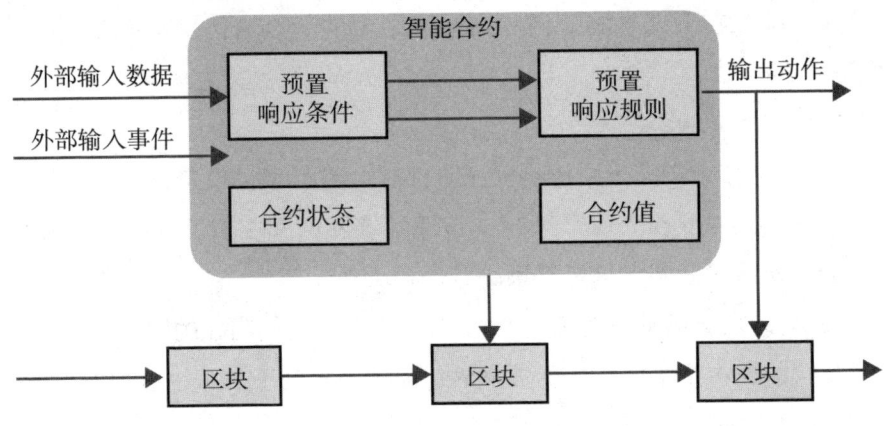

图 1-7　典型的智能合约模型

从该模型可以看出，智能合约部署在区块链的某个区块上，当外部的数据和事件输入到智能合约时，根据内部预设的响应条件和规则，输出相应的动作，并将结果记录在区块上。

从本质上讲，智能合约是部署在区块链上的一段代码，但区块链本身不能执行代码，因此，代码的执行是每个节点在本地通过以太坊虚拟机实现的。智能合约的运行原理如图 1-8 所示。

（1）以太坊虚拟机。以太坊虚拟机（EVM）是以太坊中智能合约的运行环境。可以把智能合约比作 JAVA 程序，JAVA 程序通过 JAVA 虚拟机（JVM）将代码解释成字节加以执行，以太坊的智能合约也是通过 EVM 解释成字节码进行执行的。EVM 被沙箱封装起来，也就是说，运行在 EVM 内部的代码不能接触到网络、文件系统或者其他进程，甚至智能合约之间也只有有限的调用。

（2）RPC 接口。RPC 接口是以太坊与其他 IT 系统的交互接口，以太坊节点在 8545 端口提供链 JSON RPC API 接口，数据传输采用 JSON 格式，可以执行 Web3 库的各种命令，可以向前端，比如 Mist 等图形化客户端提供区块链的信息。

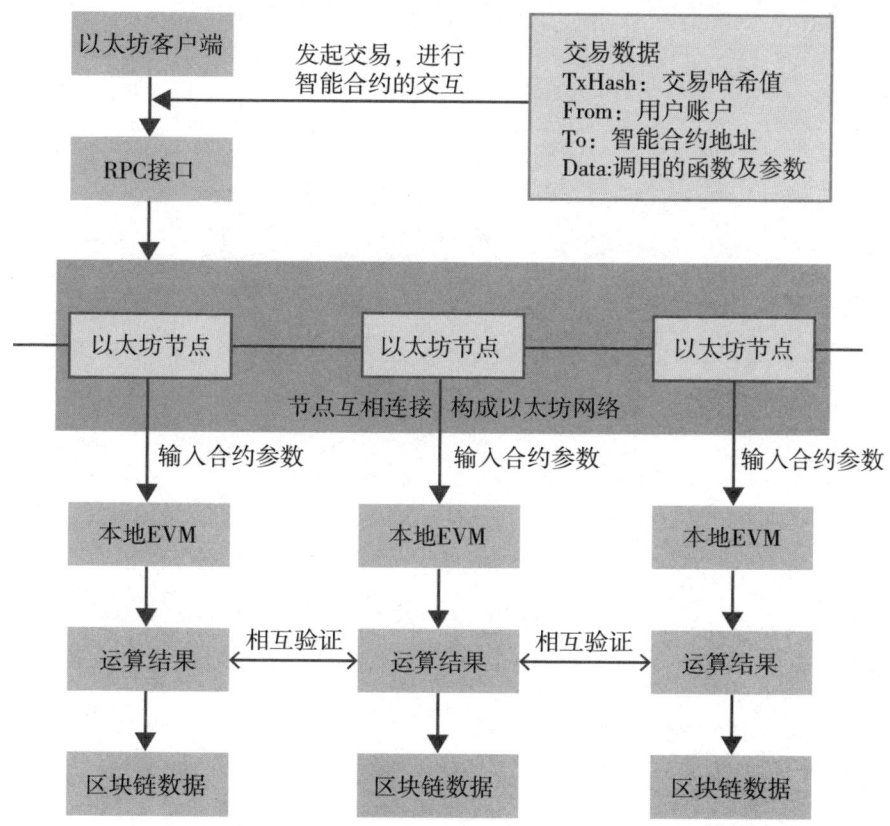

图 1-8 智能合约的运行原理

由图 1-7 可知，部署在区块链上的智能合约是一段能够在本地产生原智能合约代码的数据串，可以理解为，区块链为一个数据库，而客户端通过发起一笔交易，告诉以太坊节点需要调用的函数及相关参数，所有的以太坊节点都会收到这笔交易，然后从区块链这个数据库中读取链存储的智能合约运行代码，在本地 EVM 运行出结果。为避免节点出现问题，节点运行智能合约的结果将与其他以太坊节点进行对比，确认无误后才将结果写入区块链，从而实现智能合约的正确执行。

第二章

区块链技术的应用与发展历程

2016年,区块链已至少涉及金融服务、供应链管理、智能制造、社会公益、文化娱乐、教育就业等六大应用领域。另外,区块链也在不断发展,经历了多个发展阶段。

第一节 区块链技术的应用

2016年以来,区块链技术的应用领域已有不同程度的进展,推动了区块链行业应用发展水平的提升,特别是在金融服务、供应链管理等领域的应用发展尤为活跃。同时,区块链的应用领域仍在不断扩展,在智慧城市和公共服务等领域也逐步出现了新的应用。为此,我们主要选取了金融服务和供应链管理两个领域总结主要进展情况,并以智慧城市和公共服务两个新兴领域为例分析新的应用场景。

一、金融领域的应用

金融服务是区块链最早的应用领域之一,也是区块链应用数量最多、普及程度最高的领域之一。区块链已成为众多金融机构竞相布局金融新科技的重要技术之一。

区块链能够提供信任机制,具备改变金融基础架构的潜力,各类金融资产,如股权、债券、票据、仓单等都可以被整合到区块链技术体系中,成为区块链上的数字资产,在区块链上进行存储、转移和交易。

国内主要银行,如中国工商银行、中国银行、交通银行、邮政储蓄银行、招商银行、中信银行等纷纷开展区块链技术和应用的探索,在防金融欺诈、资产托管交易、金融审计、跨境支付、对账与清结算、供应链金融以及保险理赔等方面已取得实质性应用成果,一定程度上推动解决了此前金融服务中存在的信用校验复杂、成本高、流程长、数据传输误差等难题。目前,金融服务领域已有一些典型案例,例如,基于区块链的机构间对账平台、差异账检查系统,以及通过区块链技术改造的跨境直联清算业务系统等。

在发展特点上,一方面由于金融服务行业注重多方对等合作,并具有强监管和高级别的安全要求,需要对节点准入、权限管理等作出要求,因此更倾向于选择联盟链的技术方向;另一方面该领域的应用更加强调可监管性,从金融监管机构的角度看,区块链为监管机构提供了一致且易于审计的数据,使得金融业务的监管审计更快更精确。例如，在反洗钱场景中，区块链可以实现每个账号的余额和交易记录都是可追踪的，任意一笔交易的任何一个环节都不会脱离监管的视线，将大大增强反洗钱的力度。

随着区块链技术的改进以及区块链技术与其他金融科技的结合，区块链技术将逐步适应大规模金融场景的应用。

二、供应链管理领域的应用

供应链管理也是区块链技术最普遍适用的领域之一，区块链为整个供应链管理流程中更安全、更透明的监控交易提供技术支持。供应链基本上是由一系列交易节点互相链接起来，将产品从生产地移到销售地的产品流通过程。供应链由众多参与主体构成，存在大量交互协作，但信息却被离散地保存在各自的系统中，缺乏透明度。借助区块链，产品在整个供应链上从采购环节、生产环节、再到销售环节的整个过程，每一步交易都可以被详细记录在永久的分散记录中，从而有效缩减时间延迟、减少成本和人为错误。

2016年以来，区块链的数据处理效率不断提高，可以更大程度上满足数据量和请求数量巨大的供应链基础设施的需求，供应链核心企业、商业银行、电商平台等相关力量不断加强区块链在供应链管理领域的应用探索，相关应用成果大量涌现。

例如，在防伪溯源方面，国内的京东、蚂蚁金服、众安科技等企业纷纷投入基于区块链的食品、药品的防伪溯源应用，区块链正在成为食品、药品安全的有效保障手段；在供应链金融方面，中国人民银行数字货币研究所、中国人民银行深圳市中心支行推动"粤港澳大湾区贸易金融区块链平台"，万向区块链、平安一账通、京东、腾讯等众多企业开展了覆盖多个行业的供应链金融区块链应用实践。

在发展特点上，一方面，供应链管理领域具有参与方种类多样，业务模式复杂的特点，因此协同多方参与是应用实施效果的重要保障；另一方面，在防伪溯源和物流等领域，与实体产品的深度耦合是实现区块链价值的保障，因此更注重与物联网、人工智能等技术的融合发展。

三、智慧城市与公共服务领域的应用

随着社会经济发展、技术进步和城市化进程的加快，我国自2012年启动了智慧城市建设，在政策支持和技术发展的驱动下，近年来智慧城市建设蓬勃发展。2017年，十九大报告明确提出建设"智慧社会"，进一步加快了新型智慧城市的建设进程。区块链在建设智慧城市中的应用涵盖智慧园区、智慧物联网、智慧资产、智慧交通、能源电力、电子政务、法律应用等广阔领域。

另外，随着经济社会的发展，公共服务的规模和范围不断扩大，影响力也日益壮大，社会舆论对公共服务的信息共享、权限控制和隐私保护等提出了更高的要求。以公众需求为导向的高质量的政务服务，将是未来公共服务发展的重要方向。目前，我国部分地方政府大力推进"区块链+政务"服务，已取得积极成效。

下面列举几个典型的应用场景。

第一，在智慧物联方面的应用。在我国，智能设备已广泛用于追踪桥梁、道路、电网、交通灯等设施设备状况，利用区块链分布式点对点的网络结构，能将各类设施设备更高效地连通，增强物联网络的健壮性和通信的有效性。例如，可以通过区块链技术追踪联网汽车设备的各项参数，通过智能合约实现车辆保险条款自动追踪、车辆年检以及车辆自动理赔等，从而在汽车保险、车辆管理等领域实现模式创新。

第二，在智慧民生方面的应用。应用区块链技术创建分布式公民登记平台，搭建开放共享、透明可信的公民数据账本，确保公民记录防篡改、可追溯，实现政府跨部门、跨区域共同维护和利用公民数据。例如，在房屋租赁与二手房交易方面，将房源、房东、房客、房屋租赁合同等信息收集、上链，通过多方验证防篡改，有望解决房源真实性问题，打造透明可信的房屋租赁生态。在电力供应生态中，利用家庭太阳能设备发电补充传统电力供应，可将每个用户的发电记录保存在区块链中，实现新型资产的智能登记，并可支持基于智能合约的相互兑换和交易剩余电力，促进全民共建节能环保城市。

第三，在智慧医疗方面的应用。在医疗方面，利用区块链技术创建药物、

血液、器官、器材等医疗用品的溯源记录，有助于医疗健康监管，使公共健康生态更加透明可信。通过区块链存储医疗健康数据，创建安全、灵活、可追溯、防篡改的电子健康记录，可以对用户身份确认和健康信息进行确权，并将权属信息等存证在区块链上，确保个人健康信息使用的安全合法。此外，利用智能合约自动识别交易参与方，结合用户对健康信息的使用授权，不仅可以优化医疗保险的快速赔付，还可以方便第三方健康管理机构基于全面的医疗数据提供精准的个人健康管理服务。

第四，在政务数据开放共享方面的应用。国内部分政务部门之间信息不互通、公民办理政务需要在多个部门间来回多次的问题，在区块链技术的应用后，都可得到有效解决。信息系统整合、数据格式统一、数据实时共享是解决政务部门信息孤岛问题的关键。利用区块链技术可以实现各级政府之间、各部门之间的数据共享，有利于提升工作效率、降低行政成本，为公众带来更好的政务服务体验。目前，一些地方政府正在探索建设基于区块链的居民身份共识数据库，采集居民的身份、缴税、工作经历等相关信息作为身份与权利验证凭证，实现居民在办理不同事项时无须重复提交身份材料，从而有效提升政务服务质量和效率。

四、信息安全领域的应用

公众的信息安全已经引起了大家的广泛关注。引入区块链技术，采用分布式点对点的网络结构，可以使设备之间保持共识，实现点对点传输数据，可以减少甚至无须与中心服务器的数据库进行验证，避免对中心化设施的依赖，解决单点故障、批量信息泄露等数据安全问题。区块链具备数据防篡改、可追溯的特性，可以为公众提供更加可信和有价值的服务。此外，可以利用区块链技术解决公众数据安全存储难等问题，结合非对称加密技术实现个人数据权属与授权共享，有助于公众数据的安全有效利用。

知识产权的保护也是当下信息安全中备受关注的内容。当前，信息经济、知识经济时代产生海量数字作品，数字作品复制盗版极为容易，而证明版权权属的成本相对较高，海量数字作品的版权保护面临巨大挑战。将区块链技术嵌入创作平台和工具中，利用其防伪造、防篡改特性，客观记录作品的创作信息，低成本和高效率地为海量作品提供版权存证，在此基础上，还可支持版权资产化与快速交易，以帮助解决数量巨大、流转频率高的数字作品的确权、授权和维权等难题。

第二节　区块链的发展历程

一、区块链1.0：加密数字货币

区块链1.0时代，指的是以比特币为代表的数字货币时代。2008年，中本聪在网络上发表了一篇名为《比特币：一种点对点的电子现金系统》的论文，首次提出了区块链的概念，认为"区块链技术是构建比特币数据结构与交易信息加密传输的基础技术"。简单说就是对区块形式的数据进行哈希加密并加上时间戳，然后将哈希广播出去，使其公开透明而且不可篡改，这解决了电子现金的安全问题。

区块链技术解决了在完全没有中心机构的情况下，某种总量恒定的货币发行与流通的问题。通过该系统进行的交易转账会全网广播，使之公开透明，不可篡改，极具信用。人们可以通过区块链网络放心地将数字货币转给地球另一端的人。

在金融领域，区块链1.0时代掀起了一场巨浪。区块链技术在数字化支付、汇款以及转账等很多相关的领域，都备受关注。在数字化支付、转账、汇款等领域中，如果是使用传统的金融方式，那么就要利用银行等第三方机构，经历开户行、对方行、清算组织、境外银行等烦琐又复杂的处理流程，不仅时间长而且成本也很高，而区块链技术的使用可以省掉中间繁杂的处理过程，直接进行点对点的支付就可以了。区块链1.0时代仿佛是一个火种，它把数字货币带入到了现实社会中，并将电脑中的虚拟资产与现实中的实物联系起来，具有里程碑的意义。

区块链1.0时代的特征主要有四个方面。

（一）数据结构表现为以区块为单位的链状数据结构

区块链技术首先会把系统中的数据块通过加时间戳的方式按照时间顺序，并且通过密码学的技术手段进行有序的链接。当系统中的节点生成新的区块时，它需要将当前时间戳、区块中的所有有效交易、前一个区块的散列值以及梅克尔（Merkle）树根值等内容全部打包上传，并且要向全网广播。因此，区块链中的每一个区块信息都与前一个区块信息相关联，随着区块长度的增加，如果想要改变某一个区块的信息，那么该区块之前所有的信息都需要改变，很明显，这是不可能发生的事情。因此，保证了账本的安全性和不可篡改性。

（二）全网共享账本保障了账本信息的真实性

记录交易历史的区块链条被传递给了区块链网络中的每一个节点，因此每一个节点都拥有一个完整且信息一致的总账。这样，就算某个节点的账本数据遭到了篡改，也不会影响到总账的安全。区块链网络的节点都是通过点对点连接起来的，不存在中心化的服务器，从而不可能有单一的攻击入口。

（三）非对称加密

非对称加密使用公钥和私钥相结合的方式，成为计算机技术在区块链领域的一个非常重要的应用，它搭建了虚拟货币使用的安全防御系统。

（四）源代码开源

共识机制是区块链技术的一个非常重要的环节，而这个共识机制就可以通过开源的源代码进行验证。

自2015年开始，中国人民银行开始关注数字货币。2016年初，中国人民银行首度召开数字货币研讨会，并明确了央行发行数字货币的战略目标。2017年，成立中国人民银行数字货币研究所，与业界共同组织分布式研发，进行多种方案，依靠和市场共同合作的方式研发数字货币。2018年，中国人民银行营业管理部发布《关于开展为非法虚拟货币交易提供支付服务自查整改工作的通知》，要求辖内各法人支付机构自文件发布之日起在本单位及分支机构开展自查整改工作，严禁为虚拟货币交易提供服务，并采取有效措施防止支付通道用于虚拟货币交易。一定要将比特币和区块链技术区分开，既要防止政策误伤技术研发热情，又要坚决严厉打击虚拟货币炒作。

二、区块链2.0：企业应用

以以太坊为代表的区块链2.0的最大标志是智能合约的应用，以太坊可以被看作"全球计算机"，首次实现了区块链系统的图灵完备，可以在区块链上传和执行应用程序，并且程序的有效执行能得到保证，在此基础上首次实现了智能合约的功能。以太坊可以应用于多种行业和领域，比如资产交易、数字公证、互助保险等。

（一）区块链2.0的优势

相对于区块链1.0，区块链2.0具有如下优势。

1. 支持智能合约

以太坊定位于区块链应用平台，在这个平台上，可以发布各种智能合约，并能与其他外部IT系统进行数据交互和处理，从而实现各种行业的应用。

2. 适应大部分应用场景的交易速度

通过采用PoS、DPoS等新的共识算法，区块链2.0的交易速度有了很大的提高，峰值速度已经超过了1000 TPS（每秒处理交易数量），远远高于比特币的5 TPS，已经能够满足大部分的金融应用场景。

3. 支持信息加密

区块链2.0支持完整的程序运行，可以通过智能合约对发送和接收的信息进行自定义加密和解密，从而达到保护企业和用户隐私的目的，同时零知识证明、环签名、同态加密等先进密码学技术的应用进一步推动了对隐私的保护。

4. 无资源消耗

为了维护网络共识，比特币使用的算力超过122029 TH/s，相当于5000台超级计算机天河二号A的运算速度，每天耗电超过2000 mW·h，约合100万元。区块链2.0采用PBFT、DPoS、PoS等新的共识算法，不再需要通过消耗算力达成共识，从而实现对资源的零消耗，使其能绿色安全地部署于企业信息中心。

（二）以太坊的技术架构

为了更好地了解区块链2.0，在此介绍一下以太坊的技术架构。以太坊采用五层架构实现，如图 2-1 所示，从下到上分别是数据层、网络层、共识层、激励层和智能合约层。

图 2-1　以太坊五层架构示意

1. 数据层

数据层是最底层的技术，是一切的基础，主要实现了两个功能：一是相关数据的存储，二是账户和交易的实现与安全。数据存储主要基于 Merkle 树，通过区块的方式和链式结构实现，大多以 KV 数据库的方式实现持久化，比如以太坊采用 LevelDB。账号和交易的实现基于数字签名、哈希函数和非对称加密技术等多种密码学算法和技术，保证了交易在去中心化的情况下能够安全地进行。

2. 网络层

网络层主要实现网络节点的连接和通信，又称为"点对点技术"，是没有中心服务器、依靠用户群交换信息的互联网体系。与有中心服务器的中央网络系统不同，对等网络的每个用户端既是一个节点，也有服务器的功能。

3. 共识层

共识层主要实现所有节点对交易和数据达成一致。以太坊采用两种共识机制，初期采用工作量证明机制（PoW 机制），待网络中的以太币充分流通和分散后，改为采用交易速度更快、无资源消耗的股权证明机制（PoS 机制），从而有效避免了纯 PoW 机制导致的初期权益分配不公平的情况。

4. 激励层

激励层主要实现以太币的发行和分配机制，以太币不是单纯的数字货币，而是定位于平台运行的燃料，运行智能合约和发送交易都需要向矿工支付一定的以太币。目前，以太币可以通过挖矿获得，矿工每挖到一个区块固定奖励 5 个以太币。

5. 智能合约层

智能合约赋予账本可编程的特性。区块链 2.0 通过虚拟机的方式进行代码实现智能合约的功能，比如以太坊的以太坊虚拟机。同时，这一层通过在智能合约上添加能够与用户交互的前台界面，形成去中心化的应用（DAPP）。当然，在某些技术文档中认为 DAPP 应该在智能合约层之上单独为应用层，也是有一定到底，只要不影响理解即可。

三、区块链 3.0：价值互联网

如果说区块链 1.0、2.0 阶段是人们已经发生或者正在经历的，那么 3.0 时代便可以称得上是人们对未来区块链技术的一种理想化愿景。在区块链 3.0 里，人们能够真正实现资产上链，能在一个大的底层框架内构筑各式各样的应用，为各行各业提出去中心化解决方法，力图实现"可编程的商业经济模式"，即通过区块链对每一个互联网中心代表价值的信息和字节进行产权确认、计量和存储，从而实现资产在区块链上可被追踪、控制和交易。

区块链 3.0 阶段是构建一个完全去中心化的价值互联网，这意味着可以极低的成本形成社会的信任关系，从而使整个社会运行成本大幅下降。

区块链 3.0 阶段可以实现自动化采购，实现多方共同记账、共同监管，提高效率、透明度以及抗风险能力；可以实现智能化物联网应用，人们可以通过智能物联网利用未来智能设备代替人处理一些日常工作；可以实现虚拟资产的兑换和转移，实现信息存证等应用；还可以在艺术、法律、开发、房地产、医院、人力资源等各行各业发挥它的作用。它将不再局限于经济领域，可用于实现全球范围内日趋自动化的物理资源和人力资产的分配，促进科学、健康、教育等领域的大规模协作。区块链 3.0 阶段可以击碎所有造成中间成本的私有信用机构，让价值交换双方直接挂钩，并保障各类信息的公开、真实、不可篡改和可追溯，它将重构整个社会。

第三章

供应链金融

供应链金融发展的前提基础是供应链管理,没有对供应链的创建、管理和发展,就不可能存在供应链金融,因此,要探索供应链金融的发展必须首先了解供应链的概念,探寻供应链金融的前世今生,分析供应链金融的参与主体和需求主体。

第一节　供应链与供应链金融概述

供应链金融来源于供应链，主要目的在于解决供应链中的中小企业融资难问题。由于供应链是供应链金融的来源，我们有必要先详细了解供应链。

一、供应链的概念

供应链的含义并不是一成不变的。供应链的传统定义是指制造企业的一个内部过程。制造企业从外部采购原材料或者配件，通过生产、加工、装配和销售传递给消费者。这个时候供应链的定义只是局限在企业内部的操作层面，重点是对自身资源的利用。

具有现代意义的供应链概念是这样的：以核心企业为中心，通过掌控物流、信息流、资金流和商流，在采购、加工、制成产品到销售的过程中，供应商、制造商、分销商、零售商以及消费者构成整体性的功能网链结构模式。供应链的上下游之间存在供需关系，因此，可以将供应链看作供需关系二元结构。

供应链并不只是简单地把产品从供应商处送到消费者手中这一过程，这一过程中还存在增值，位于供应链上的每一家企业包括消费者都能从中获益。因此，供应链也可以说是涵盖整个产品运动过程的增值链。

供应链包括物流、商流、信息流以及资金流"四流"，如图3-1所示。

（一）物流

物流是指从供应商（生产）到客户（消费）这一过程中的物资（商品）流通过程，包括运输、库存、装卸、搬运、包装等活动，可以理解为物资在不同的场所之间进行流动的过程。一直以来，物流都在供应链中具有非常重要的地位，很多企业也将低成本发送物资作为重点课题。

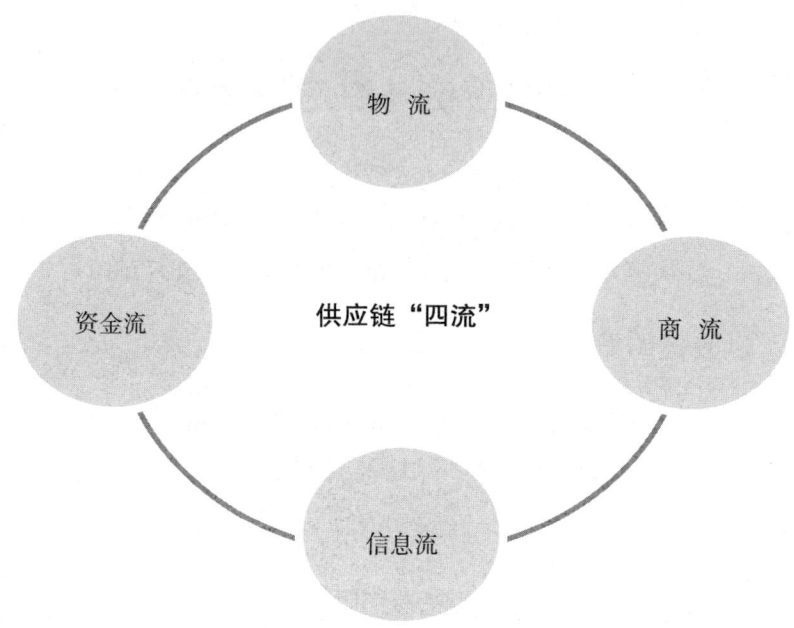

图 3-1 供应链的"四流"

(二) 商流

商流是指物资在流通过程中发生形态变化的过程,主要是买卖的流通过程,比如订货、签订合同等流程。在互联网时代,商流形式变得多样化,店面销售、上门推销、网络销售、线上销售结合线下服务等方式逐渐兴起。

(三) 信息流

以往,人们更注重物资流通,而往往忽视了信息流通。所谓的信息流,是指整个供应链上信息的流通,包括供应链上的供需信息和管理信息,它伴随着物流的运作而不断产生。信息流在供货商和消费者之间是双向流动的。随着业务越来越复杂和细分,信息流通变得越来越重要。

(四) 资金流

资金流是指整个供应链上资金的流通过程。资金流是企业正常运转的保障,对于建立完整的经营体系极为重要。传统的资金流是指用户在购买商品过程中具体资金的流动,随着互联的发展、大数据的应用,资金流还包括资金的及时回收、投资以及融资等。

现如今，企业之间的竞争早已变为供应链之间的竞争。在这一背景下，企业必须和其他企业联合起来，以供应链的形式与其他供应链展开竞争，而供应链的竞争则少不了供应链金融的支持。

二、供应链金融的产生背景和概念

（一）供应链金融的产生背景

从宏观上看，随着经济全球化和网络化的发展，不同公司、不同国家和地区，甚至一国之内的不同地区之间的比较优势已被不断地挖掘和强化，特别是对于经济和金融欠发达的地区或资金不够雄厚的中小企业而言，一些"成本洼地"成了其制约供应链发展的瓶颈，影响到供应链的稳定性和财务成本。在这一背景下，对供应链研究和探索的重心逐渐转向了提升资金流效率的供应链金融层面。

在激烈的竞争环境中，充足的流动资金对企业的发展壮大发挥着越来越重要的作用，尤其是对于发展机遇很好却受到现金流制约的中小企业。它们往往没有大型企业的金融资源，却又是供应链中不可或缺的重要环节。它们虽然具有可观的发展潜力，却常常因为上下游优势企业的付款政策而出现现金短缺问题。

中小企业对供应链不可或缺的意义，体现了解决其融资问题的必要性，由此带来的挑战是对供应链的参与者及其关系的新的理解，以及对金融和供应链物流交叉领域中的组织间交互模式的研究。

从微观上看，作为供应链中的一个重要组成部分，资金流贯穿于供应链系统的经营和管理过程。在一般的供应链运营中，原材料的采购、加工最终到销售牵涉各环节企业的资金支出和收入，由于支出和收入的发生存在时间差，因此形成了资金缺口。一般在企业下达订单和接收货物之间存在资金缺口，在接收货品到完成销售之间存在资金压力，同时库存管理需要资金支持。此外，在销售产品与下游客户支付货款之间也存在一定的资金缺口，而在接收货款与实际接受现金之间存在现金转换周期，或对企业现金流产生不利影响。基于业务开展过程中存在资金缺口的情况，供应链金融应运而生。

供应链金融是一种新型的融资模式，主要是为了解决中小企业的融资难问题。它将资金流纳入供应链管理中,不仅为供应链上的各企业提供贸易资金服务,还能为中小企业提供新型贷款融资服务。在这之前,资金流动只是辅助流程,而在供应链金融的情况下,资金流动已经成为制约整个供应链发展的关键,得到越来越多的关注。

供应链中的物流、商流、信息流和资金流已经相互作用和相互影响,早已不是单个概念,而是成了一个整体,尤其是信息流和资金流,供应链中的所有行为都有它们的身影。

在国内,2006年6月,当时的深圳发展银行首次提出了供应链金融的概念,与此同时,它还推出了多款供应链金融产品。其他银行机构纷纷效仿,相继推出具有各自特色的供应链金融产品。自此以后,供应链金融在国内开始迅速发展。

(二) 供应链金融的概念

国内对供应链金融的定义普遍认为:供应链金融是指以核心企业为依托,在真实贸易的背景下,运用自偿性贸易融资方式,通过应收账款质押登记、第三方监管等手段封闭资金流或者控制物权,以此来为供应链上下游企业提供综合性金融品和服务。

换句话说,供应链金融是一种独特的、为满足企业供应管理需要而创新发展的金融业务,它依托核心企业,对单个企业或多个企业提供全面的金融服务,从而稳固供应链上核心企业与上下游企业之间的产供销链条,降低运作成本,使银行、企业和供应链和谐共存、持续发展,实现多方共赢。

供应链金融通常可理解为"$M+1+N$"模式,其中核心企业为"1",供应商为"M",分销商或客户为"N",核心企业为供应商和分销商或客户提供综合金融服务。

从模式上看,供应链金融比传统金融更便捷,融资企业的议价能力也得到显著提升。供应链金融模式下,金融机构与各企业之间的关系如图3-2所示。

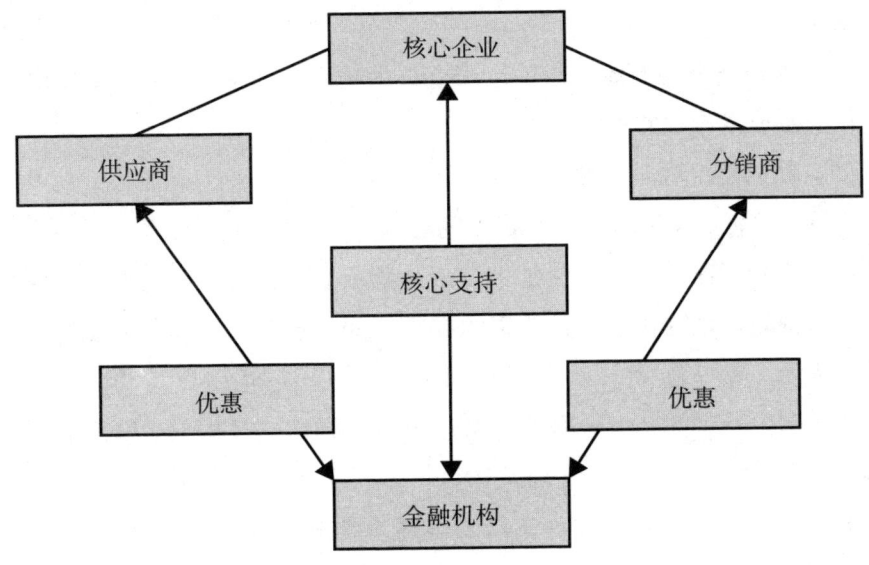

图 3-2　供应链金融模式下，金融机构与各企业之间的关系

在国外，首次提出供应链金融概念的学者认为，供应链的成员可以与供应链外部为其提供金融支持的金融服务提供者开展协作，以此来实现供应链的目标，同时结合物流、信息流和资金流进程，全部资产和供应链参与主体的经营，这一过程就称为供应链金融。由此可以看出，供应链金融非常看重金融主体与参与企业之间的协作关系。

协作关系的建立可以促进供应链的商流、信息流、物流和资金流的结合。国外对于供应链金融并没有统一的定义，除了上述定义外，还有以下几种定义。

（1）供应链金融属于订单周期管理，涉及订单、记账、支付过程和计算机信息系统的任何活动，都是供应链金融的重要方面。

（2）供应链金融是供应链管理与财务工具相结合的一种方式，旨在降低固定资产、库存和在途物资，通过改善物流和信息流的交互，包括订单处理、债务和负债管理，改善在途时间、预付款和付款期限。

（3）供应链金融可以被定义为一个服务与技术方案的结合体，将需求方、供应方和金融机构联系在一起，降低金融成本，提高透明度，优化可用性和现金交付。

(4) 供应链金融的核心是关注供应链内的融资和结算成本，以此构造出优化供应链成本流程的方案。

(5) 供应链金融是一种在以核心企业为主导的企业生态圈中，优化资金的可得性，降低成本而进行系统优化的过程。

(6) 供应链金融是指供应链中包括外部服务提供者在内的两个以上的组织，通过计划、执行和控制金融资源在组织间的流动，从而共同创造价值的一种流程。

综合国内外对供应链金融的理解，可以总结出这样的一个观点：供应链金融是一种集物流、商业和金融运作为一体的管理行为过程。在这一过程中，贸易的买方、卖方、第三方物流以及金融机构紧密联系，用物流盘活资金，用资金拉动物流，而金融机构如何更有效地参与到供应链网络中，与企业展开合作，在控制风险的基础上保证供应链有效运行，是供应链金融的关键所在。

三、供应链金融的特点

供应链金融的特点概括起来主要包括以下几点。

（一）参与主体多元化

供应链金融的参与主体不仅包括传统的信贷模式中的金融机构与融资企业，还增加了核心企业和物流企业。作为新增的主体，核心企业和物流企业在供应链金融中发挥着重要的作用。

核心企业为供应链金融提供信用支持，它的运营状况对供应链的运行情况有着至关重要的影响；物流企业则扮演"中介者"、"监管者"和"信息中心"的角色，不仅为中小企业提供专业与定制化的物流服务，还利用质押物为中小企业做担保，除此之外，还为银行提供仓储监管、质押价格评估和拍卖等中间服务，充分发挥其在物流管理、资产设备以及人才上的优势，弥补了银行等金融机构在质押物监管等方面技能的缺失。

（二）具有自偿性、封闭性和连续性的特点

自偿性是指企业还款的来源主要是贸易所得的货款，通过操作模式的设

计,还款企业的销售收入会自动导入银行的特定账户。

封闭性是指银行等金融机构通过设置封闭性贷款操作流程来保证款项专用,借款人不能用于其他用途。

连续性是指同类贸易行为在上下游之间会持续发生,在此基础上的授信行为也可以反复进行。

(三) 突破了传统的授信视角

供应链金融的授信针对的是整个供应链,授信方式为"1+N"模式,即围绕核心企业寻找供应链中客户的资金需求,这可以大大降低客户的开发成本,也可以增加企业对银行的依存程度。

不仅如此,供应链金融还改变了银行对中小企业的授信方式,中小企业融资的门槛变低。银行等金融机构不再考察中小企业的静态财务报表,而考察其在供应链金融中的交易背景。

(四) 风险相对可控

供应链金融服务要求资金进行闭合式运作,也就是第(二)点所说的封闭性。供应链金融要对资金流、贸易流和物流进行有效控制,使融资运用合理,限制其运用在可控范围之内,按照具体业务逐笔审核发放,并及时回收与监管未来的现金流,达到风险控制的目标。也就是说,在供应链金融服务过程中,资金流、物流都应该按照合同规定的模式来流动,这无疑减少了风险。

四、供应链金融与传统金融的异同

供应链金融与传统金融都以满足融资需求为目标,但供应链金融更为灵活,能够为企业提供个性化解决方案,两者之间的不同主要有以下几点。

(一) 服务对象有所不同

传统金融的主要服务对象是大型企业、核心企业或极具潜力的企业,中小企业获得融资几乎"难于上青天"。

供应链金融的主要服务对象是供应链中的核心企业以及上下游的中小企业。金融机构会考察中小企业在供应链中的地位和与核心企业的交易记录,作为金融机构决定是否为中小企业融资的重要依据。

(二) 抵押标的不同

传统金融多需要企业以固定资产，尤其是不动产作为抵押物进行贷款。

供应链金融是在供应链内部封闭授信，将购销过程中产生的动产与货权抵押给银行进行贷款，这其中就包括应收账款、预付账款以及库存等。供应链金融的融资严格限制在中小企业和核心企业之间的贸易。

(三) 授信条件不同

在传统金融中，企业一般要抵押不动产，所以金融机构很少担心还款来源，就算企业经营状况不佳，不动产也可以补偿损失。

在供应链金融中，由于还款来源的自偿性，以核心企业的信用作为担保，交易中的购销行为作为贷款依据，再加上金融机构与物流企业合作，可以起到货押监管的作用。

(四) 融资方式不同

传统金融多是担保融资，尤其是不动产抵押担保。

供应链金融则为信用融资，以核心企业的信用情况以及链条中企业在供应链中的地位为依据，以交易行为为基础进行贷款。

(五) 风险把控程度不同

传统金融的人工成本、时间成本以及风险识别成本都较高，金融机构参与的时候，只是与对应的融资企业进行沟通，对风险的把控较差。

供应链金融模式下的金融机构对融资企业及其所在环境以及所处地位进行综合授信，可以使风险被控制在既定范围之内，与此同时扩大业务量，实现企业与金融机构的双赢。

(六) 融资企业话语权不同

传统金融模式下，融资企业一般处于弱势地位，融资成本较高，申请手续的时间也不能保证，资金运转效率不是很理想。

在供应链金融模式下，融资企业有核心企业的信用作为保护，把个体信用扩展为企业链信用，话语权得到了提高，与金融机构的关系也得到了改善。

表3-1直观地体现了传统金融与供应链金融的对比。

表 3-1　　　　　　　　传统金融与供应链金融的对比

对比项目	传统金融	供应链金融
授信主体	大型企业、核心企业等	核心企业与上下游中小企业
授信条件	担保、不动产抵押	还款来源自偿性，动产或货权抵押
融资渠道	银行	银行或其他非银行机构
参与程度	跟踪融资企业	跟踪整个经营过程
融资及时性	手续复杂、效率低	高效、及时
达到的效果	解决核心企业的融资困境	盘活整个供应链资产
信息披露	不充分	闭环交易，信用易检测
风险对比	道德风险与信用风险高	信用风险低，但核心企业承担较高道德风险

第二节　供应链金融的参与主体与相应模式

众所周知，供应链金融曾经是银行的一个业务分支。然而随着政策的调整和"互联网+"浪潮的带动，我国的供应链金融取得了快速发展，并呈现出了新的发展模式和特点。银行不再是提供供应链金融产品与服务的绝对主体，更多的如物流、电商等企业利用自身的信息优势、交易资源优势以及客户资源优势，纷纷转型成为供应链金融产品与服务提供主体，同时，供应链金融的资金来源也呈现出多元化的特征。

但无论何种业务模式，供应链金融的参与主体主要有以下几种：第一，资金的需求主体，即供应链节点上的企业，包括核心企业和上下游的配套企业。其中，核心企业是指在供应链中规模较大、实力较强，能够对整个供应链的物流和资金流产生较大影响的企业。在供应链金融服务中，核心企业可以为上下游的中小企业融资提供相关的担保。配套企业是供应链金融服务的需求者，主要是供应链中处于弱势的中小企业。它们通过动产质押以及第三方物流企业或核心企业担保等方式从金融机构获得贷款。第二，供应链金融的供给主体，即商业银行，它们在供应链金融服务中为中小企业提供贷款支持。第三，第三方监管企业，即第三方物流企业。第三方物流企业是供应链金融服务的主要协调者，一方面为中小企业提供物流、信用担保服务；另一方面为银行等金融机构提供资产管理服务（监管、拍卖等），搭建银企间合作的桥梁。第四，供应链协作服务商，常见的供应链协作服务商包括信息化管理服务商、供应链金融解决方案服务商、征信公司、供应链管理公司等。第五，电商平台，即为参与供应链金融的各个主体提供互动的场所，在交易双方和金融机构之间充当平台或中介的作用。这样，电商平台不仅可以利用收集整理出来的以往交易中的票据、订单、财务状况等信息，为供应链融资提供决策依据，还可以在一定程度上把资料补全，包括开票、匹配、整合、支付、文件管理等操作。以淘宝这个电商平台为例，淘宝卖家在平台上卖东西，买家在平台上付钱，淘宝不但给双方提供了交易场所，还提供了沟通渠道（阿里旺旺）。这样一来，淘宝就收集到了交易信息。如果需要这些信息来证明哪一方的信用情况，淘宝就会把交易记录、支付记录、退换货记录，甚至聊天记录等信息统统整理出来，并根据这些信息估算出一个信用等级。所以，在供应链金融中，电商平台的主要作用还包括信息呈现和流程操作，为融资的信用提供风险管理服务。

随着云计算、大数据、物联网、移动支付、网络社交等新一代互联网技术的不断涌现，供应链金融能够更好地将以前无法覆盖的企业涵盖进来，各市场参与主体从而也能够更好地利用"长尾效应"，扩大自身的市场份额，使得供应链金融产品和服务对象更加多样化。

供应链金融在盘活成长型中小企业流动性较差的资产的同时，基于供应链的商业生态系统也得以构建。在这样的生态系统下，商业运作、物流运作和金融管理等行为和过程融为一体，交易中的买方、卖方、第三方物流企业以及银行、保理公司等金融机构紧密联系在了一起，从而实现了通过供应链体系盘活资金，同时用资金强健供应链体系的作用。

供应链金融的核心关键在于掌握产业链中的上下游中小企业群体的实际经营情况，从而对其进行信用增信和风险定价。因此，供应链中的各参与方都希望通过自身的优势去获取供应链中的"四流"的实时数据来切入供应链金融业务。在此，结合宝象金融研究院的整理，介绍五类分别由供应链金融参与主体主导的模式。

一、核心企业主导模式

供应链作为一个有机整体,上下游中小企业的融资瓶颈会给核心企业造成供应或销售渠道的不稳定。核心企业主导模式是指核心企业利用其所掌握的上游供应商与下游经销商的信息流、物流、资金流等详细信息,以及长期的商业活动所掌握的上下游企业经营状况信息,通过下设的商业保理公司、融资租赁公司、小额贷款公司、投融资平台等向上下游企业提供供应链金融相关服务,而商业银行或相关金融机构则对接核心企业,为其提供资金和其他金融服务(见图3-3)。

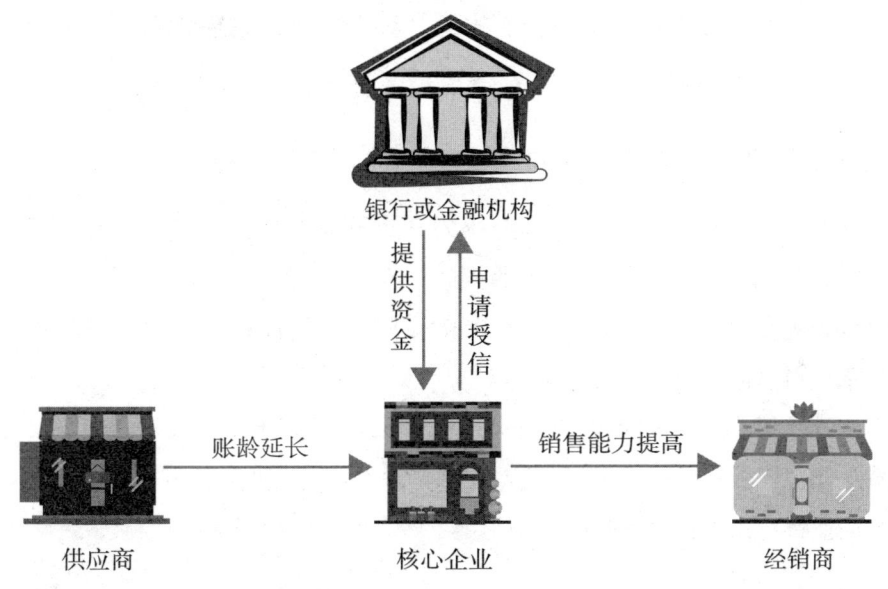

图3-3 核心企业主导模式

核心企业主导模式有以下几个优势:首先,由于核心企业深耕产业链,积累了丰富的行业经验及大量真实交易关系数据,大大降低了信息的不对称性,使得其开展供应链金融服务的精准度更高、效率更高,同时成本也更低;其次,凭借多年的行业经验与资源,核心企业对上下游企业的经营状况有充分的了解,进而有能力降低初期风险定价和风控成本;最后,核心企业可以通过有效的财务运作，使其能提供具有竞争力的融资优势，获得贷款的门槛相对较低。

核心企业主导模式同时也具有以下几个局限性：首先，由于产业链上的核心企业深耕产业，导致建立的供应链金融很难脱离自身所处行业，后期会受制于行业自身发展空间的"天花板"；其次，核心企业如果缺乏足够的供应链金融方面的人才，或缺少信贷风险控制方面的经验，那么开展供应链金融具有一定的操作风险；再次，核心企业也是产业链中的竞争主体，与同业存在竞争关系，能否吸引到行业内足够多的流量转移到自身平台上是一个问题；最后，资金来源问题，核心企业供应链金融服务的资金来源主要是自有资金与商业银行的授信，规模相对有限，后期随着系统建立及运营、仓储物流等基础设施的配备都需要大量的资金支持，核心企业未来需要引入专业金融服务公司等多元化的资金来源。

二、商业银行主导模式

商业银行主导模式是以中小企业的真实贸易为抵押，商业银行以开放中小企业客户和拓展金融服务业务的模式。在供应链交易的各个环节，商业银行可以根据预付账款、存货、应收账款等动产来设计相应针对上下游中小企业的供应链金融模式。

在这一模式下，商业银行在核心企业的配合下，承担融资项目审核和发放贷款等职责，并提供财务咨询、结算、财务顾问等其他金融服务。核心企业则配合商业银行，以自身良好的信用为上下游企业提供信用支持（见图3-4）。

商业银行主导模式有以下几个优势：首先也是最明显的优势，在于商业银行具有稳定、低成本、大规模获取资金的能力，积累的客户资源丰富；其次，商业银行拥有丰富的风险管理经验，风险控制能力强，可以提供跨行业供应链金融服务；最后，商业银行拥有众多的经营网点及专业的供应链金融人才，专业性的金融服务能力确保了商业银行可以辐射到较为深入的各产业链底层。

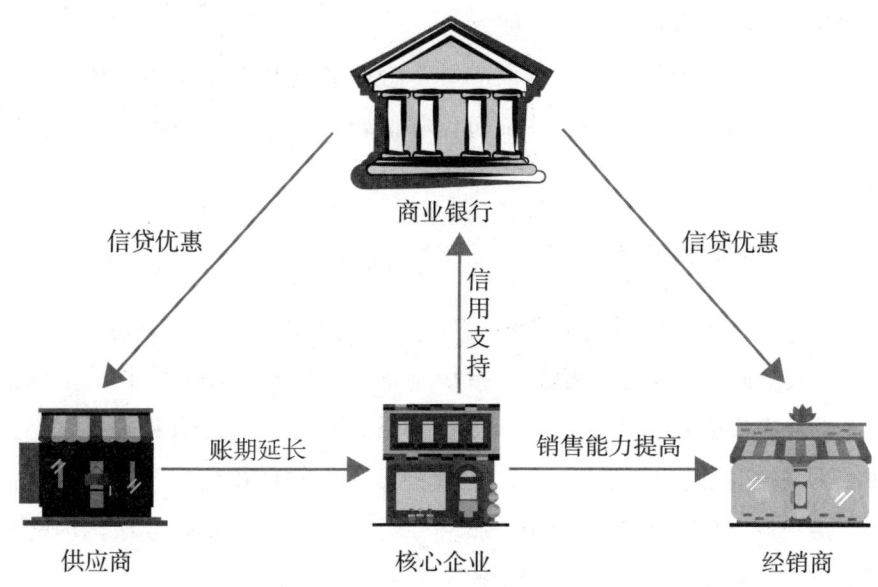

图 3-4 商业银行主导模式

商业银行主导模式同时也具有以下几个局限性：首先，这一模式最大的局限性在于商业银行对于供应链本身没有实际掌控力，不能实时并主动地掌握产业链交易中核心的物流、商流、资金流和信息流数据，由于数据获取比较被动，缺乏有效的数据信息平台，本身没有能够成为供应链金融的核心；其次，商业银行基于风控要求，通常希望产品标准化更强，但产业链上的中小企业数量众多，需求差异化明显，商业银行往往不能满足不同的融资需求；最后，商业银行审批流程长、效率较低，产品创新的速度有限，且银行相对于许多中小企业来说准入门槛依然较高。

由于供应链金融大量采明了票据、保函、信用证等融资工具，这类工具往往要收取一定比例的手续费；商业银行为供应链上的企业提供理财咨询、现金管理等财务顾问业务，这也将产生可观的中间业务收入；此外，整条供应链之间产生的资金回流和存储也会为银行带来额外的存款收益。这些对于银行盈利能力的提高有极大的贡献。

因此，商业银行切入供应链金融不仅有利于增强高端企业客户黏性，而且降低了银行与单一企业打交道的风险，拓展银行新的利润空间，促进金融产品创新，改善服务质量提升竞争力。

宝象金融研究院提出，由于供应链金融业务是基于真实的贸易背景下进行的，决定了风险系数较小，从而可以降低银行的不良贷款率，改善银行信贷资产质量。

三、物流企业主导模式

物流是线下闭环中最为重要的一环，物流企业对于整个供应链的平稳运作至关重要。物流企业主导模式是指物流企业在精确控制抵押物的基础上为上下游企业提供融资服务，同时获得物流服务收入与金融服务收益。物流企业通过下设的商业保理公司、融资租赁公司、小额贷款公司、投融资平台等向上下游企业提供供应链金融相关服务，而商业银行或相关金融机构则对接物流企业，为其提供资金和其他金融服务（见图3-5）。

物流企业主导模式有以下几个优势：首先，物流企业作为供应链金融的主要协调者，掌握着最真实、最基础的信息资源，对整个产业链有完整的控货能力，尤其是在以存货抵押为主要形式的供应链金融中具有绝对的优势；其次，物流企业切入供应链金融领域，开辟了新的如价值评估、质押物担保授信等增值业务，在带来了新的利润增加空间的同时也搭建了银企间合作的桥梁。

物流企业主导模式同时也具有以下几个局限性：首先，由于我国物流行业比较分散、集中度低，且在运输和仓储的规范方面缺乏标准，流通中的物权难以得到相应保证；其次，物流企业对资金流、信息流的掌控能力小，要形成"四流"的闭环需要强大的资源整合能力与资金实力；最后，切入供应链金融对于物流业和物流企业的资信实力的要求较高，目前，我国多数物流企业的配送网络还不完善，难以满足商业银行对于货物等的实时监管、快速反应的严格要求。

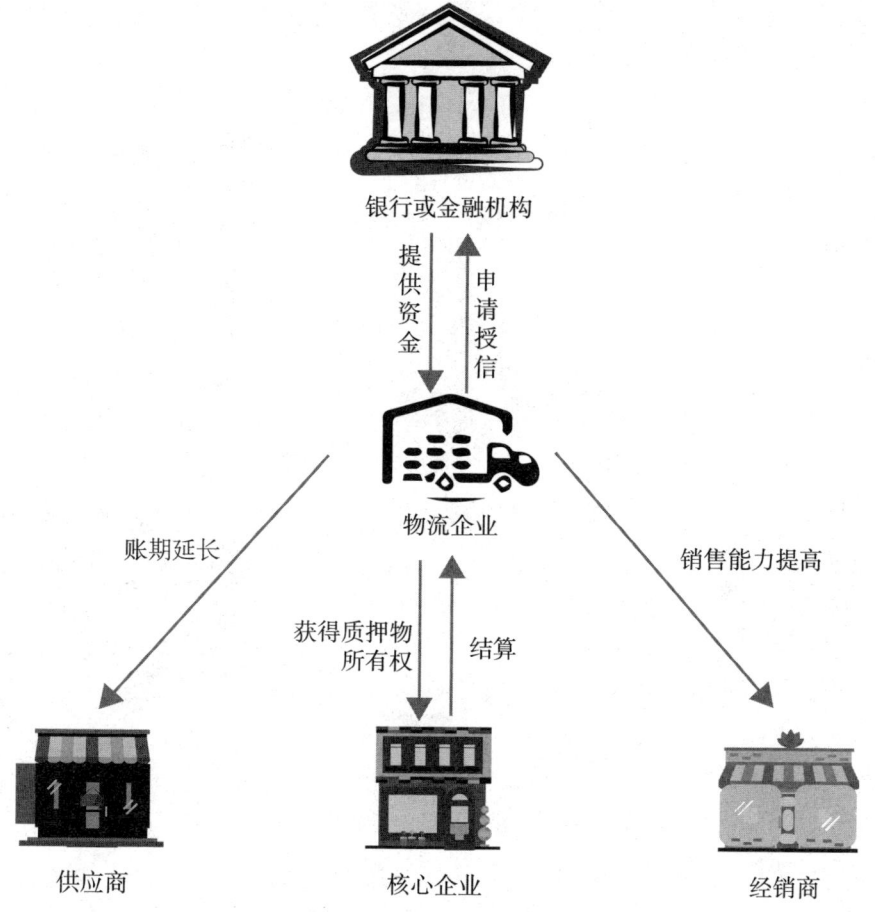

图 3-5 物流企业主导模式

四、供应链协作服务商

供应链协作服务商本身是大企业经营管理的辅助方,在长期的经营中逐渐与核心企业建立起良好的信任关系,并且在系统中沉淀了丰富的有价值的企业经营数据,因此在这一基础上切入供应链金融领域,通过拥有的客户信息优势以及行业知名度为上下游企业提供融资服务及其他相关金融服务(见图 3-6)。

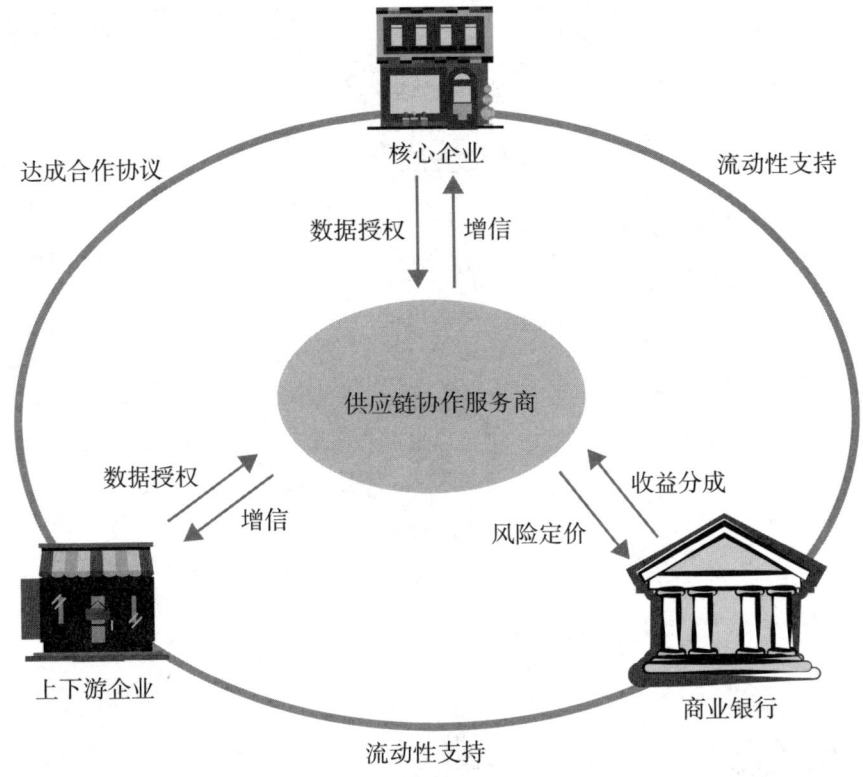

图 3-6　供应链协作服务商模式

供应链协作服务商通过凭借 ERP 系统云平台能够较为便捷地获取供应链上各企业的进销存等信息，通过整合信息流进而切入到供应链领域；同时，在未来的数据资产时代，供应链协作服务商可以与征信机构以及金融机构信贷风控等外部系统对接，进一步构建供应链金融生态圈。

供应链协作服务商切入供应链金融领域也有其一定的局限性。宝象金融研究院提出，供应链协作服务商本身并不能掌握全面真实的交易信息，且获取核心交易信息的权限和数据实时性较差；同时，由于某些行业、公司对一些隐私性的信息保密性要求很高，使得一些关键性的交易信息无法获取，这都影响了供应链协作服务商的风险定价和控制能力。

五、电商平台模式

电商平台模式是指电商平台通过获取买卖双方在其交易平台上的大量交易信息,并且根据客户的需求为上下游供应商和客户提供金融产品与融资服务,即电商平台凭借在商流、信息流、物流等方面的优势,扮演担保角色(资金来源主要是商业银行)或者通过自有资金帮助供应商解决资金融通问题,并从中获取收益的模式(见图3-7)。

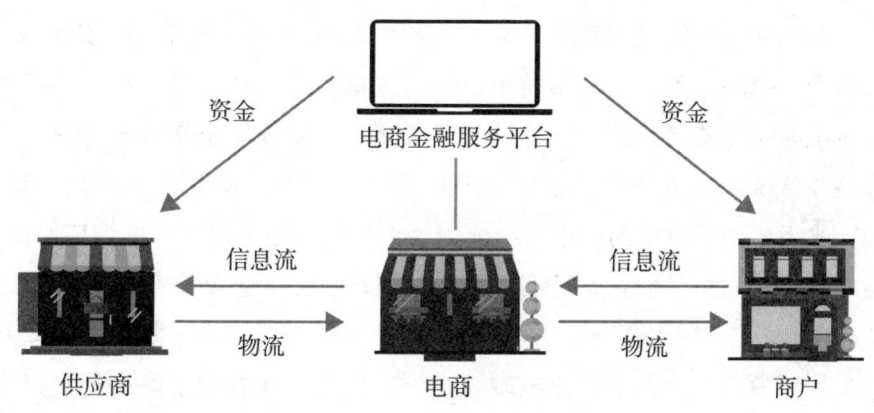

图 3-7　电商平台模式

电商平台模式具有以下优势:首先,电商平台能够方便并快速地获取整合供应链内部交易和资金流等核心信息,这是电商平台切入供应链金融领域的最大优势所在;其次,由于积累了大量的真实交易数据,电商平台可以通过不断积累和挖掘交易行为数据,分析、归纳借款人的经营与信用特征,通过云计算和大数据技术,电商平台可以做到合理的风险定价和风险控制,且相关成本很低。

同时,我们也要认识到电商平台模式具有以下局限性:首先,电商平台切入供应链金融领域在资金端方面相较于商业银行处于明显的弱势地位;其次,电商平台相较商业银行来说,缺乏相应的风控人才和经验的沉淀;最后,新兴的电商平台由于缺乏足够的流量,从而无法产生大量的核心交易数据,进而无法完成风险定价。但是无论如何,电商平台依然是供应链金融领域强有力的竞争者之一。

第三节 供应链金融的需求主体

现代供应链体系的构建基础是对传统流程碎片化整合,优势在于渠道更为扁平化。这使得各企业在细化分工的同时保持紧密联系,并通过信息化的手段降低每个环节之间的摩擦成本,使整体供应链体系运营效率得到提升。

供应链金融是各产业链条与金融的深度融合,由产而融,是一种新的产业与金融融合形式。因此,供应链金融的客户和主要需求来源于产业,尤其是那些在传统产业链条中处于弱势地位的中小企业。宝象金融研究院认为,长期以来由于产业链中的中小企业信用级别较低、固定资产等抵押担保品少、经营管理不善、财务信息不透明等原因,我国中小企业融资渠道相对匮乏且成本较高。这不仅严重阻碍了中小企业的发展转型,同时也限制了整体产业链条的运行效率。宝象金融研究院认为,供应链金融有利于解决长期以来存在于我国中小企业群体内的融资痛点问题。

一、中小企业的定义

中小企业的称谓最早出现在19世纪末。随着第二次工业革命的完成,建立起了资本主义的大工业体系和现代商业体系,大企业、大公司也开始在经济生活中占据主导地位,与大企业相对应,便出现了中小企业的概念。由此可见,中小企业的称谓是一个相对的概念,相对于大企业而言,其人员规模、资本规模与经营规模都是比较小的经济单位。

中小企业是一个比较复杂的概念,在不同的国家会有不同的定义和标准。2011年7月,我国发布了《中小企业划型标准规定》,对中小企业的界限重新进行了划分。这一规定将中小企业划分为中型、小型和微型三种类型,具体标准根据企业从业人员、营业收入、资产总额等指标,结合行业特点制定。以交通运输业为例,从业人员1000人以下或营业收入30000万元以下的为中小微型企业。其中，从业人员300人及以上，且营业收入3000万元及以上的为中型企业；从业人员20人及以上，且营业收入200万元及以上的为小型企业；从业人员20人以下或营业收入200万元以下的为微型企业。

二、中小企业的规模及产值

中小企业在我国国民经济中占据着重要的地位，以其灵活的运行机制和市场应变能力，成为推动我国经济体制变革的重要力量。目前，中小企业是我国数量最大、最具创新活力的企业群体，在促进经济增长、推动创新、增加税收、吸纳就业、改善民生等方面具有不可替代的作用。

中国产业信息研究网发布《2018年版中国中小企业发展研究及融资策略研究报告》数据显示：2016年末，全国规模以上中小企业37.0万户，比2015年末增加0.5万户企业。其中，中型企业5.4万户，占中小企业户数的14.6%；小型企业31.6万户，占中小企业户数的85.4%。

分地区看，东部、中部、西部和东北地区中小企业户数分别为21.4万户、8.5万户、5.0万户和2.0万户，同比分别增长0.8%、5.8%、6.6%和-18.0%，分别占中小企业户数的58.0%、23.1%、13.6%和5.3%。

分省市看，中小企业户数占比超过5%的省市有江苏省（12.5%）、广东省（10.8%）、山东省（10.7%）、浙江省（10.7%）、河南省（6.1%）和安徽省（5.2%），6省合计企业户数20.7万户，占中小企业户数的56.1%。

分行业看，制造业中小企业34.7万户，同比增长1.8%，占中小企业户数的93.7%；采矿业1.3万户，同比下降11.4%，占中小企业户数的3.6%；电力热力燃气及水生产和供应业1.0万户，同比增长5.9%，占中小企业户数的2.6%。

制造业的31个行业中，中小企业户数占比超过5%的行业有9个，分别为非金属矿物制品业（10.0%）、农副食品加工业（7.4%）、化学原料和化学制品制造业（7.0%）、通用设备制造业（6.7%）、电气机械和器材制造业（6.5%）、金属制品业（5.9%）、纺织业（5.7%）、橡胶和塑料制品业（5.2%）、专用设备制造业（5.0%），9个行业中小企业合计户数占制造业中小企业户数的59.5%。

工商数据显示，截至2017年末，我国小微企业约有2800万户，个体工商户约有 6200 万户，中小微企业包含个体工商户占全部市场的比重超过 90%。据工业和信息化部统计数据，截止到 2018 年底，我国中小企业的数量已经超过了 3000 万家，个体工商户数量超过 7000 万户，贡献了全国 50% 以上的税收、60% 以上的 GDP、70% 以上的技术创新成果和 80% 以上的劳动力就业。然而截至 2018 年 6 月末，小微企业贷款余额占企业贷款余额的 32.3%。显然，小微企业所作出的经济贡献与金融机构对小微企业的贷款支持力度是不匹配的。

目前，在我国经济进入新常态的大背景下，中小企业生存状况，尤其是融资难问题引起高度重视。融资难、融资贵造成了我国中小企业运营资金匮乏，已严重制约着中小企业的创业和持续发展，进而影响我国经济的平稳、健康发展和转型。

三、中小企业融资渠道分析

表 3-2 所示为企业常用融资方式。

表 3-2　　　　　　　　　　企业常用融资方式

融资渠道	具体融资方式
债权融资	银行贷款
	发行债券融资
	金融租赁融资
	民间借贷
	信用担保融资
股权融资	股权出让融资
	产权交易融资
内部融资	留存盈余融资
	应收账款融资
	票据贴现融资
	资产典当融资
	商业信用融资
政策融资	专项基金融资

一般来说，中小企业的融资渠道主要有债权融资、股权融资、内部融资和政策融资。由于我国中小企业的经营规模普遍较小、财务相对不透明，加之发行债券或首次公开募投门槛很高，中小企业一般难以进入股市或债市进行直接融资；目前我国的产业基金、风险投资等还处于起步阶段，且其投资对象一般主要集中在拥有高估值前景的高科技类中小企业。因此，现阶段我国中小企业无论是流动资金还是固定资产投资的资金筹措，基本上是依靠商业银行、小额贷款公司等金融机构渠道进行的间接融资。但寻求政策融资也是一些中小企业得到融资的新渠道，特别在李克强总理提出"大众创业，万众创新"之后，国家配套推出了一系列对创业期中小企业的红利政策，一些新创业企业可以积极寻求国家专项基金的支持。

四、中小企业融资成本分析

我国的商业银行普遍存在着"大客户偏好"，即国企、央企或者成熟产业内的大型企业较容易在商业银行获得贷款，甚至有利率下浮；而对于背景及资源等实力较弱小的中小企业却存在着严重的惜贷现象，对中小企业发放贷款的意愿很低。究其原因，主要是因为贷款交易和监控成本过高，同时，中小企业信息不对称、信用度较低、道德风险相对较高，加大了银行贷款的信贷风险成本。

目前，商业银行对于中小企业的贷款利率一般上浮20%~30%的比例，加上登记费、评估费、公证费、担保费、关系维护成本等，估计中小企业的融资总成本进一步提高，甚至比大中型优势企业的贷款成本高出一倍甚至数倍。由于商业银行无法分辨这些企业的经营质量，容易导致一些优质中小企业得不到相应的贷款支持，无法扩大生产，从而限制了企业的发展空间。

五、中小企业融资难的原因分析

（一）中小企业内部原因导致融资难

对于融资难，中小企业自身的原因比较突出。

第一，中小企业发展起步晚、技术含量低、经营管理落后、财务信息不透明等硬伤导致商业银行对中小企业放贷的风险比较高。

第二，不少中小企业存在严重的重复建设现象，项目前景不明，缺乏市场竞争能力，产生坏账的风险较高。

第三，部分中小企业的诚信问题。大企业对自身的诚信度、声誉十分看重，而部分中小企业履约水平和诚信观念较为淡薄，恶意举债、转嫁风险的现象时有发生，这在一定程度上加剧了商业银行的惜贷心理。

第四，我国信用担保体系不健全，中小企业可供抵押的资产较少且抵押物的折扣率高，有时需要履行超额抵押，都使中小企业从银行获得贷款的成本很高。

第五，一般中小企业资金需求频率较高、资金量较小、周期较短（有时甚至是几天时间，随机性比较大）；而通过银行进行贷款融资，由于银行抵押担保评估登记部门分散，手续烦琐，审批流程复杂，存在很大的不确定性，时间较长，不能完全匹配中小企业的实际融资需求特点。

（二）银行等金融机构方面的原因

我国的金融体系仍然是以银行为主、其他非金融机构为辅的金融组织体系。商业银行作为我国中小企业主要的融资渠道存在着一定的缺陷。

第一，我国商业银行加大了对不良资产的监控力度和责任追究力度，使得银行向中小企业发放贷款趋向于更加谨慎，同时随着贷款准入和监管的严格，很多中小企业因达不到规定条件而得不到贷款。

第二，我国商业银行每年的贷款额度是有限的。在优先考虑政府的基建、民生等项目和大型企业等融资需求的基础上，剩下留给中小企业的信贷额度已经不多了，很多银行年底没额度或已经完成本年度的任务，因此不再发放中小企业贷款。

第三，中小企业普遍存在着经营整体负债水平偏高、盈利能力较低、经营风险过高、可供抵押的资产较少等风险。银行出于稳健经营原则的考虑，自然会优中选优，并对中小企业客户的放贷额度进行限制。

第四，一般中小企业融资需求较个人借款要大得多，风控的要求小而分散，而且个体之间差异较大，对商业银行风控要求难度进一步提高且成本相对较高。

第五，由于中小企业的贷款准入门槛过高，且银行过分注重担保物、抵押物和第三方担保，而忽略了对借款人本身的现金流量这个第一偿还能力的审视。由于商业银行无法分辨这些企业的经营质量，容易出现优秀企业被"误伤"的情况。

第六，缺乏完善的立体化、多层次的资本市场，导致现阶段我国中小企业的融资大多还是依赖传统的国有商业银行，并没有建立起一套有效针对不同规模企业贷款的区别制度和流程规范。

第七，我国信用担保体系尚未健全，没有建立和健全一套对中小企业融资的信用担保体系。

第八，目前，我国还没有设立专门的部门和政策性金融机构为中小企业发展提供资金帮助。另外，我国民间借贷市场不是很发达、相对不规范，且中小企业的民间融资渠道较为落后，融资模式也较为单一。

我国党中央、国务院高度重视中小企业发展。目前已经形成了一部法律和四个国务院文件为主的法律政策体系。其中，一部法律是指 2002 年通过、2017 年修订的《中小企业促进法》。四个文件是指 2005 年出台的《国务院关于鼓励支持和引导个体私营等非公有制经济发展的若干意见》（简称"非公经济 36 条"）；2009 年，为了应对国际金融危机，出台了《国务院关于进一步促进中小企业发展的若干意见》（简称"国发 36 号文件"）；2010 年，出台了《国务院关于鼓励和引导民间投资健康发展的若干意见》（简称"民间投资 36 条"）；2012 年，针对中小企业特别是小微企业发展出现的新情况、新问题，出台了《国务院关于进一步支持小型微型企业健康发展的意见》（简称"国发 14 号文件"）。

工业和信息化部中小企业司负责人指出，这四个文件，根据新形势依次推出，政策不断深化，分别从推进市场准入和公平竞争，帮助中小企业渡过危机难关，鼓励民间投资健康发展，以及扶助小微企业发展方面作出部署，提出要求，推动中小企业发展环境不断优化。

第四章

区块链架构下的供应链金融

区块链在金融领域的应用是目前国内外金融市场参与者广泛聚焦的问题，国内外供应链金融结合区块链技术的应用发展也势头迅猛，落地效果较好，区块链供应链金融已初具规模。

第一节　区块链供应链金融的实质

首先,在区块链架构下的供应链金融可以扩充中小企业融资渠道,提高融资效率,降低融资风险,从而从根本上解决中小企业融资难的问题。

2017年10月,国务院发布的《关于积极推进供应链创新与应用的指导意见》中提到,将研究利用区块链、人工智能等新兴技术,建立机遇供应链的信用评价机制,为供应链上下游中小企业提供高效、便捷的融资渠道。截至2018年3月底,区块链技术已在金融、信息与通信、文娱、能源和教育等方面展开了应用,其中融资额最大的区块链企业来自供应链金融领域,区块链技术项目运用达到了390个,在全球区块链项目中占比高达34.80%(见图4-1)。

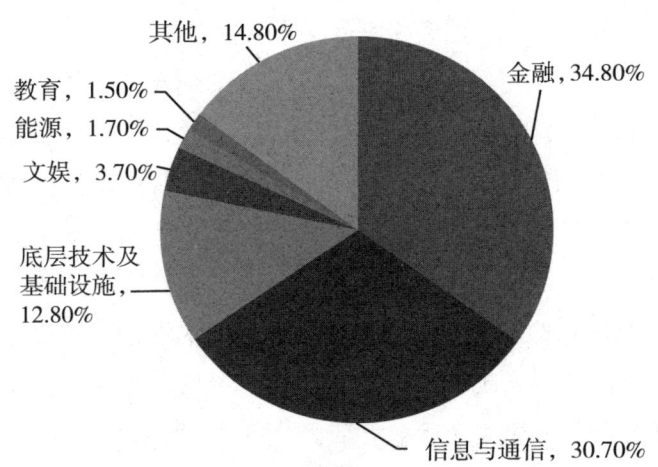

图4-1　全球区块链项目类型分布情况

据工业和信息化部发布的《2018年中国区块链产业白皮书》,截至2018年3月底,我国以区块链业务为主营业务的区块链公司数量达到456家,其中为金融行业应用服务的公司达到86家。随着区块链技术的改进以及区块链技术与其他金融科技的结合，区块链将逐步适应大规模金融场景的应用，如供应链金融、贸易金融（包括信用证、保函、票据等）、征信、交易清算、积分共享、保险、证券等金融领域的典型应用场景。

在整个供应链金融中，上下游的融资服务一般围绕规模较大、竞争力较强的核心企业展开，核心企业拥有较强的议价能力，它们通常在定价、账期等贸易条件方面对上下游配套的中小企业要求苛刻。但中小企业受到自身业务和规模限制，难以达到企业融资标准，并且由于担保体系和社会信用体系发展相对落后，中小企业获得贷款的可能性更低，利率更高。所以中小企业常出现资金紧张、周转困难等情况，导致整个供应链失衡，供应链的效率大幅降低甚至停止运转。

因此，供应链金融产业面临的核心问题是：中小企业融资难、融资贵，成本高，周转效率；供应链中各个参与方之间的信息相互割裂，信任传导困难，确权流程手续繁杂，效率低下；供应链金融平台、核心企业系统交易本身的真实性难以验证，导致资金端风控成本又居高不下；供应链上的各级数字资产更是无法实现拆分、传递和流传，资金转速缓慢。

而区块链技术的作用在于把供应链生态中的信息流、商流、物流和资金流打通，使信息共享；并且将核心企业的信用（票据、授信额度或应付款项确权）转化为数字权证，能保证其流转的真实有效性，也使信用可沿供应链条有效传导，通过智能合约防范履约风险，以此提高履约效率，降低合作的信任成本。通过智能合约还可以实现对上下游企业资金的拆分和流转，极大地提高了资金的周转速度。总的来说，区块链技术提升了核心企业的确权效率，降低了信任成本，实现核心企业在供应链金融体系中对多级供应商的信用穿透，从而最终解决中小企业融资难、周转慢的问题。

其次，区块链架构下的供应链金融可以帮助企业的政府完成供应链相关征信工作。区块链技术在互联网供应链金融中的应用可以在金融活动和产业活动两个层面实现。金融层面的区块链应用主要是支付清算和数字票据。在支付清算方面，现阶段供应链运营中的交易清算支付都要借助于银行，这种传统的通过中介进行交易的方式要经过开户行、对手行、央行、境外银行（代理行或本行境外分支机构）等。在此过程中每一个机构都有自己的账务系统，彼此之间需要建立代理关系，需要有授信额度；每笔交易需要在本银行记录，还要与交易对手进行清算和对账等，导致交易速度慢、成本高。与传统支付体系相比，区块链支付为交易双方直接进行，不涉及中间机构，即使部分网络瘫痪也不影响整个系统运行。如果基于区块链技术构建一套通用的分布式银行间金融交易协议，为用户提供跨境、任意币种实时支付清算服务，则跨境支付将会变得便捷和成本低廉。区块链技术在互联网供应链金融中的另一个可能的应用是数字票据。数字票据是结合区块链技术和票据属性、法规、市场开发出的一种全新的票据形式，与现有的电子票据体系的技术架构完全不同。

数字票据的核心优势主要表现在以下几点。

一是实现票据价值传递的去中介化。在传统票据交易中，票据中介往往利用信息差进行撮合，借助区块链实现点对点交易，票据中介将失去中介职能，重新进行身份定位。

二是有效防范票据市场风险。区块链由于具有不可篡改的时间戳和全网公开的特性，一旦交易，将不会存在赖账现象，从而避免了纸票"一票多卖"、电票打款背书不同步的问题。

三是系统的搭建和数据存储不需要中心服务器，省去了中心应用和接入系统的开发成本，降低了传统模式下系统的维护和优化成本，减少了系统中心化带来的风险。

四是规范市场秩序，降低监管成本。区块链数据前后相连构成的不可篡改的时间戳，使得监管的调阅成本大大降低，完全透明的数据管理体系提供了可信任的追溯途径，并且可以在链条中针对监管规则通过编程建立共用约束代码，实现监管政策全覆盖和硬控制。

在产业活动层面，区块链技术可以运用于权益证明和物流运作证明。权益证明是保证供应链运营中的产品或货物权属清晰，往来可溯。区块链每个参与维护节点都能获得一份完整的数据记录，利用区块链可靠和集体维护的特点，可对权益的所有者确权。此外，运用区块链技术可以对供应链运营中的物流活动进行有效的记录和证明，诸如每一物流单元的订单商品拆分，作业的时间、地点、数量等加盖时间戳，并且永久记录，全面反映每一物流单元在不同节点的变化、各部分产品的去向等,这样整个供应链运营过程清晰明确。显然,对于存储永久性记录的需求,区块链是理想的解决方案。

区块链技术无论是在金融活动中的应用还是在产业活动中的应用,其最终的目的是建立起完善的去中心化的信用体系。目前,供应链金融业务的开展,最基础的考量是借款主体本身所具备的金融信用。为了实现这一目标,就需要通过各种途径获得相应的信息,刻画借款人的信用状态。传统的银行借贷采用的征信,即各家银行将每个借款主体的还款情况上传至央行的征信中心,需要查询时,在客户授权的前提下,再从中国人民银行征信中心下载参考。这种信用调查存在信息不完整、数据不准确、使用效率低、使用成本高等问题。而供应链金融则是通过把握供应链运营中的商流、物流和资金流信息,加之通过间接渠道获得的大数据,反映借款人的信用状态。然而这种方式也会因为各种原因存在信息获取不完整、代价成本较高、信息获取周期较长的问题。而区块链的优势在于依靠程序算法自动记录海量信息,并存储在区块链网络的每一台计算机上,信息透明、篡改难度高、使用成本低。各机构以加密的形式存储并共享客户在本机构的信用状况,客户借贷时不必再到中国人民银行申请查询征信,或者去交易服务平台提供者或综合风险管理者处获取信用信息,即去中心化,供应链金融服务提供者通过调取区块链的相应信息数据即可完成全部征信工作。

第二节　区块链供应链金融创新

供应链金融是金融机构围绕大型生产、制造企业等核心企业,通过管控或掌握其上下游中小企业的信息流和物流,提供配套的资金流或融资等金融服务,通过供应链的方式把单个企业的不可控风险转变为供应链企业整体的可控风险。在这个过程中,金融机构如何更有效地嵌入供应链网络,与供应链经营企业相结合,实现有效的供应链资金运行,同时又能合理地控制风险,成为供应链金融的关键问题。

一、传统供应链金融模式和存在的问题

供应链管理是供应链金融服务的基础,实际的供应链支撑了供应链金融的发展。

（一）传统供应链金融模式

在互联网技术未升级和区块链技术未出现之前,传统供应链金融模式大部分为线下操作。传统的供应链金融的交易形态主要有应收账款融资、存货融资以及预付账款融资三种。

1. 应收账款融资

应收账款融资也称发票融资,是指企业将赊销而形成的应收账款作为质押品,转让给专门的融资机构,以应收账款作为还款来源,使企业得到所需资金,加强资金的周转。应收账款融资主要应用于核心企业的上游融资,如果销售已经完成,但尚未收妥货款,则适用产品为保理或应收账款质押融资；如果融资目的是完成订单生产,则为订单融资,担保方式为未来应收账款质押,实质是信用融资。

应收账款融资是集融资、结算、财务管理和风险担保于一体的综合性金融服务。应收账款融资的主要方式有保理、保理池融资、反向保理、票据池授信、出口应收账款池融资和出口信用险项下的贸易融资。

以供应商对核心企业应收账款融资模式为例,又分为以下几种模式。

（1）核心企业开立商业承兑汇票。该模式一般是由核心企业开立并承兑商业汇票。该模式的优势在于,核心企业利用自身的商业信用,延缓付款时限。若能得到金融机构配合,这在一定程度上可为供应商实现融资功能。但该种模式的融资功能较有限,且传统纸票模式下,时有假票出现。

（2）金融机构商业保理。供应商对核心企业供完货后,由核心企业对供应商应收账款予以确认。供应商将应收账款转让给金融机构,金融机构根据应收账款面值支付一般为50%~90%不等的对价。供应商将应收账款转让给金融机构后,向核心企业发出转让通知,并要求其付款至融资金融机构。该模式的优势在于,金融机构对商业保理普遍较为认可,市场接受程度较高。不足之处则在于,供应商账单分散时,需要核心企业反复配合应收账款的确认,

操作成本较高。同时，如供应商以有瑕疵应收账款进行欺诈或更改收款账户，此类道德风险和操作风险可能会影响供应链金融的效率。

（3）核心企业反向保理。传统保理业务从供应商应收账款需求入手，反向保理则从核心企业应付账款入手，由核心企业统一安排供应商的融资。该模式的优点在于，核心企业对应收账款的确认配合程度高，付款锁定对融资金融机构保障性强。但前提是，核心企业愿意配合，也只有认可的供应商才能得到融资。目前，反向保理是市场上较为主流的供应商对核心企业应收账款融资模式。

2. 存货融资

存货融资又称为库存融资，是指需要融资的企业，将其拥有的存货用作抵押，向资金提供方出质，同时将质押存货转交给具有合法保管存货资格的物流企业进行保管，以获得贷方贷款的融资业务，是物流企业参与下的动产质押业务。存货融资的形态主要分为现货融资和仓单融资两大类，其中，现货融资（现货质押）又分为静态质押融资和动态质押融资，仓单融资里又包含普通仓单融资和标准仓单融资。

3. 预付账款融资

预付账款融资是指在上游企业承诺回购的前提下，由第三方物流企业提供信用担保，中小企业为缓解预付货款压力以金融机构指定仓库的既定仓单向银行等金融机构申请质押贷款，其提货权由金融机构控制的融资业务。

预付账款融资主要用于核心企业的下游融资，即主要为核心企业的销售渠道融资，主要类型有先票/款后货融资、担保提货（保兑仓）融资、进口信用证项下未来货权质押授信、国内信用证和附保贴函的商业承兑汇票。

其中，先票/款后货融资是指买方从金融机构（银行）取得授信，在交纳一定比例保证金的前提下，向卖方支付全额货款；卖方按照购销合同以及合作协议书的约定发运货物，货物到达后设定抵质押，作为银行授信的担保。一些热销产品的库存往往较少，因此企业的资金需求集中在预付款领域。同时，该产品因为涉及卖家及时发货、发货不足的退款、到货通知及在途风险控制等环节，因此客户对卖家的谈判地位也是操作该产品的条件之一。

担保提货（保兑仓）融资是在客户交纳一定保证金的前提下，金融机构

(银行)贷出金额货款供客户(买方)向核心企业(卖方)采购,卖方出具金额提单作为授信的抵质押物。随后,买方分次向银行提交提货保证金,银行再分次通知卖方向客户发货。卖方就发货不足部分的价值承担向银行的退款责任。该产品又称为卖方担保买方信贷模式。

(二)存在的主要问题

上述三种模式在一定程度上能满足供应商融资的需求,但还是存在一些不足。

1. 核心企业信用无法有效传递,很难为其供应链增信

在供应链体系中,最重要的就是借助核心企业的信用,为其供应链体系的上下游企业进行信用增级。但传统供应链金融模式由于缺乏有效的信息数据传递模式,供应链条中最重要的信用信息就无法有效地传导和传递,核心企业就无法为整个供应商体系进行信用增级,供应商也无法借助核心企业的高评级和高信用来获得快速、低成本的融资。尤其是在多级供应商模式中,上述几种模式中只解决了一级供应商融资,而难以解决二级、三级甚至 N 级供应商的融资问题,因此一级供应商之后的间接供应商无法依托核心企业的信用来融资,其融资仍然难、仍然贵。

2. 缺乏统一可靠的信息系统,无法快速有效地传递数据

在供应链体系的信息传递过程中,各个参与企业并没有使用统一的信息系统,核心企业出于信息安全等考虑,并没有将 ERP 核心系统进行外部网络化应用。除了核心企业和一级供应商外,大部分供应链上的企业信息化程度比较低,大部分信息传递和融资流程均为线下操作,效率较低,供应链信息形成了数据孤岛,无法真实、有效、及时地传递数据。在供应链条上提供金融和融资支持的金融机构,更是无法清晰准确地获取供应链体系相关数据,也难以核实供应链各种交易环节信息的真伪,其操作成本较高,实效性较弱,因此也无法给予快速、有效的金融和融资支持。

传统供应链金融模式的操作流程如图 4-2 所示。

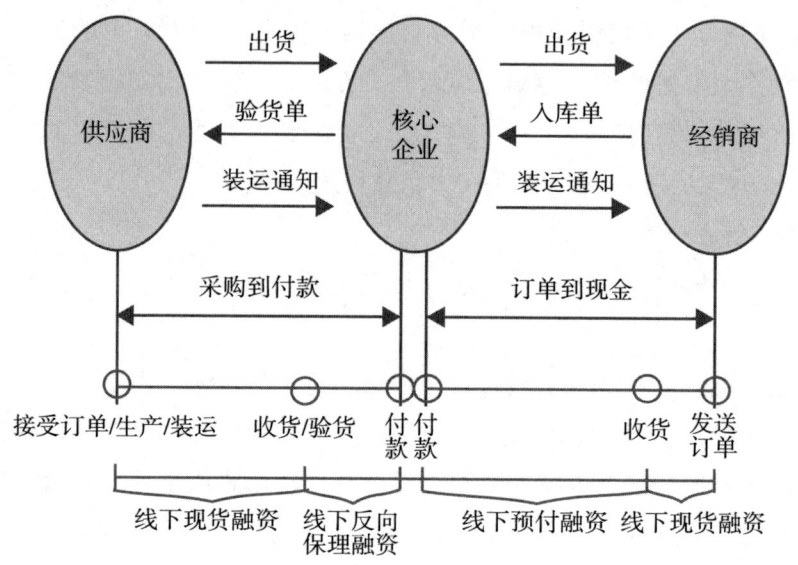

图 4-2　传统供应链金融模式的操作流程

二、基于区块链的供应链金融新模式

如前所述，区块链技术具有分布式数据存储、点对点传输、共识机制、加密算法等特点，为核心企业应付账款的快速确权提供了便利，同时减少了中间环节，交易数据可以作为存证，中间环节无法篡改和造假，并且可以追踪溯源。互联网信息技术升级使得大部分信息数据传递都可电子化和无纸化，生物识别技术可以提高企业主和融资代表人身份确权的效率和精准度，大数据建模可对借款人资质事先筛查和精准画像。所有这些，都为以区块链为核心的供应链金融创新提供了技术上的准备和支持。因此，区块链分布式账本技术、加密账本技术、智能合约技术等，为解决供应链金融中的问题提供了新的解决方案。

（一）区块链分布式账本技术可提高供应链中数据的真实性

有了区块链技术的支持，参与到整个供应链中的核心企业、供应商、金融机构等，可以利用区块链分布式账本技术，及时共享供应链中的交易数据、应收数据、应付数据、电子账单流转数据，同时通过加密账本技术设置相应权限，只能是有权限的企业看到相关数据，有效地保护隐私。例如，供应商需要利用应收账款电子账单融资，则可以将交易数据、电子账单等信息向金融机构开放，授权金融机构查询其交易及相关应收账款数据。这些数据都是基于核心企业的真实应付账款数据，借助核心企业的商业信用，应付账款有较强的保障，而区块链分布式账本技术既可保障数据的真实性，又可做到真实交易数据的快速有效传递。金融机构可以轻松地受让供应商的应收账款，支付相应的对价，供应商也可以轻松地实现快速融资。

（二）区块链智能合约技术锁定核心企业应付账款，将有效传导信用

区块链智能合约技术是一个能够自动执行事先约定合约条款的系统程序，即预先设置好程序，在运行过程中根据内外部信息进行识别和判断，当条件达到预先设置的条件时，系统自动执行相应的合约条款，完成交易。具体到供应链金融，通过区块链智能合约技术，供应链核心企业与其一级供应商的交易合约可以被电子化清晰地记录在案，其中关键交易信息可以被预先设置在系统程序中。一级供应商在与二级供应商交易过程中，也可引入区块链智能合约。由于一级供应商付款能力和信用可能不如核心企业，大多数二级供应商认可和采信的是核心企业与一级供应商的智能合约。因此，核心企业与一级供应商的智能合约关键信息，可以被一级供应商和二级供应商的智能合约所采信，也可以被二级或N级供应商所采信，被采信的智能合约可以在核心企业最终交易付款时，将资金划转至最终合约账单持有人，也可以逐级流转至账单持有人，完成并兑现整个链条的全部交易。从而实现核心企业的商业信用向一级乃至多级供应商的信用传导，支持核心企业整个链条上供应商的发展。

（三）区块链核心技术帮助核心企业信用自由流转

在传统供应链金融模式下，若没有借助金融机构的信用，应付账单便无法拆分流转，只能原额背书或贴现。区块链技术的运用，使得供应链上多级供应商都能共享核心企业的商业信用，因此，基于核心企业付款承诺签发的电子应付账单，便可实现自由地流转。一级供应商收到电子应付账单后，可持有到期收款，也可将电子应收款拿到金融机构进行融资，还可以流转给二级供应商。如果单笔电子应付账单金额较大，还可自主拆分成多张电子应付账单，流转给多个二级供应商。

总之，基于信用的传递，利用区块链技术，能够很好地解决传统供应链金融中信用无法建立和有效传递等一系列问题，可让优质核心企业闲置的金融机构信用得到充分利用，促进整个供应链信息共享，实现整个供应链资金流的可视化，依托核心企业的信用，降低中小企业的融资成本，提高资金流转的效率，间接降低整体的生产成本，惠及供应链条上的众多中小企业，用实际行动推动金融服务于广大实体中小微企业。

三、基于区块链的供应链金融创新方向

金融科技的出现，使得各类金融机构试图利用它来改造传统的业务模式，尤其是区块链在供应链金融中的应用受到了越来越多的关注，实践也在逐渐推广。但就供应链金融与区块链的融合而言，我国实践中存在三个方面的问题。

第一，各类机构盲目重复建设，造成了系统资源浪费。虽然目前大部分核心企业已经意识到，借助新信息技术可以更好地实现供应链管理，核心企业供应链管理的信息化、科技化步伐正在加快。但由于核心企业出于信息安全等方面的考虑，一般都会利用区块链、互联网技术自建供应链管理信息系统，一般自建的系统都是先满足自身供应链管理之需，后续再向其他企业和平台推广，这便造成了各类机构对系统的重复建设和资源浪费。

除核心企业外，各类金融机构和商业机构也在纷纷开发基于金融科技的供应链金融系统，如商业银行、保理公司、供应链公司、资产交易所等，都有类似区块链供应链金融系统的开发和上线。但是，核心企业、金融机构、商业机构开发的区块链供应链金融系统几乎大同小异，链条上的供应商无所适从，不利于该项技术和模式的大范围推广。

第二，虽然基于区块链的供应链金融有利于信息共享和信用传递，但各类机构的平台自成体系，又形成新的信息孤岛。目前，各类机构开发的区块链供应链金融系统都自成体系，抢占市场，与其他类似系统无法兼容，导致各个机构的系统之间产生断裂和隔阂，特别是各个核心企业之间的信息更是无法及时有效地传递。目前各自割据的形式，势必形成以系统为分界线新的信息"孤岛"，从而不利于新技术的快速推广和应用。

第三，虽然区块链技术的应用可以实现信用、信息的有效传递，但配套的相关技术和应用有待进一步完善和开发。例如，受核心企业、配套商业环境信息化进程的影响，核心企业与供应商之间的基础合同、发票、交易单据等目前大部分是纸质操作，线下完成。因此，很多基础数据需要还原到传统模式，线下采集。该部分线下操作的内容不仅影响各参与方的操作体验，降低效率，也不利于基础合约要素信息的采集和传递，更会影响区块链等新技术在供应链领域的应用。

鉴于上述存在的问题分析和对信息技术发展的趋势判断，罗亮在《基于区块链的供应链金融创新》一文中提出，应当从以下几个方面推动供应链金融的创新，既让供应链金融更好地服务于实体经济和支持中小企业发展，也能更有效地防范和化解供应链金融自身的风险。

首先，打破信息孤岛，搭建统一可信任的供应链金融共享平台。目前，各行业龙头核心企业、科技金融公司、商业银行，监管机构等均纷纷参与试水研发推广区块链供应链金融系统，市场上可谓是"百花争艳，群雄逐鹿"。但经过市场的洗礼和金融监管机构的管理后，市场上可能会出现监管机构或金融机构平台重新定义区块链供应链金融模式，并建立统一的规则和标准，该标准既考虑到了核心企业的信息安全问题，又可满足金融或商业机构融资信息的需要，从而建立统一的供应链金融共享平台。

供应链金融共享平台可以被各行业核心企业、金融机构、供应商及相关参与方所认可，可以实现多条供应链的交织和信息共享、互信，并可打破信息的孤岛，搭建供应链信息交互的新型网状结构，使得区块链供应链金融技术和应用迈上一个新的台阶。

其次，打造开放平台，让更多资金方参与，真正支持中小企业融资。据不完全统计，国内供应链应收账款市场超过20万亿元，其中工业类企业应收账款金额超过12万亿元，且呈逐年递增趋势，年均复合增长率超过10%。与此同时，全国应收账款得到融资的业务量仅为2万亿元左右，仅占应收账款的10%左右。据统计，我国应收账款融资业务在GDP中的占比仅为2.2%左右，与发达国家的英国（12.3%）、法国（11.9%）相比还有非常大的差距。与此相对应，则是国内大量的民营中小企业融资难、融资贵的问题一直没能得到有效解决。

基于区块链的供应链金融创新模式，为中小企业的融资难、融资贵问题提供了新的解题思路。参与供应链金融的核心企业、供应商、信息技术提供商、参与资金流转和融资的金融机构，甚至是交易所和机构（个人）投资者等，都可通过以区块链技术为依托而搭建的供应链公共平台采信，这就比较好地解决了传统供应链金融中存在的信息不对称、核心企业信用无法传导、信息无法高效传递等难题，使得供应链金融资产越来越标准化和清晰透明。

基于区块链技术的应用，供应链金融资产可以更好地实现资产证券化，也利于供应链条上的中小微企业从金融机构公开募集资金，真正使得供应链上的一级、二级、三级乃至 N 级中小微供应商可获得更充分、更低成本的融资，为解决中小企业融资难提供了新的途径。

最后，区块链与其他金融科技的深度融合促进供应链金融发展。传统融资活动中的风险，很大程度上均源于信息不对称，借助区块链技术能减少信息不对称的风险，使得核心企业信用能够往上游多级供应商传导。但仅仅应用区块链技术无法完全改变传统供应链金融作业模式和优化整个供应链金融体系。

在信息技术快速进步和发展之中，供应链金融也将会不断进步和升级。比如，区块链技术的应用可解决供应链金融的信息和信用难题。人脸识别、声纹识别、虹膜识别等生物识别技术的应用，可使得供应链金融生态圈的参与者，能够足不出户、不用见面远程对交易对手、代办（授权人）的身份进行确认，避免身份伪造、诈骗等风险。同时，利用电子信息加密技术，可实现合同、数据等要件的电子化和无纸化；借助大数据、人工智能等分析技术，可对优质供应商、融资人信息进行甄别，并实现精准画像，更好地满足供应商全方位的需求。

信息科技的技术进步，将引领新的产业革命和工业革命，并推动各个领域的技术革新和作业模式创新。金融是传统而又创新的领域，传统在于其对风险管理要求严格使其不敢冒险，创新在于其需要借助新技术、新科技来实现作业模式和产品升级，实现更优的风险管理和更高的利润空间。因此，新信息技术在金融领域有着广泛应用的基础，金融领域需要信息科技来实现革新。区块链技术、物联网、互联网新技术在供应链金融领域的应用，将会有效地助力金融服务于实体经济，金融支持中小企业，金融脱虚向实进一步支持实体经济的发展。

第三节　基于区块链技术的供应链金融公共服务平台建设

我国对于公共服务平台还没有完全统一的定义。张晨认为，公共服务平台是用"平台"的思维贯彻和定义"公共服务范围和领域"；王伟军等认为，公共服务平台从结构上是能够提供公共信息服务的界面、技术、逻辑、组织及标准等各要素有机集成后的服务模式；潘丽芳认为，公共服务就是公共部门为满足公众需求，提供的公共产品和服务，包括社会基础设施建设、劳动就业、社会保障、教育、科技等公共事业，履行管理职能、发布公共信息等各个方面。平台是一个工程学概念，在网络环境中平台是一种集成的软硬件环境，公共服务与平台两者所具有的功能相融合称为公共服务平台。

因此，我们可以认为，公共服务平台与行业的结合构成了行业性公共服务平台，如教育公共服务平台、流动人口公共服务平台、全国标准信息公共服务平台、物流公共服务平台、供应链金融公共服务平台等。

一、公共服务平台技术架构

我国对于供应链金融公共服务平台的研究和建设尚处于发展阶段，因此我们可以借鉴相对成熟的物流公共服务平台。例如，国家交通运输物流公共信息平台以"$1+32+nX$"为框架。其中，"1"代表国家物流平台国家级管理服务系统，包括国家交换节点、基础交换网络管理系统和国家平台门户，负责国家物流平台的运行管理、相关行业和国际物流信息系统的衔接以及公共信息服务；"32"泛指省级交通运输主管部门主导建设的区域交换节点；"nX"是指国家物流平台拓展和衔接的信息服务体系，n 代表 n 类信息系统，X 代表某一类信息系统中 X 个具体的信息系统。

从现有的理论研究及应用实践可以看到，各领域的公共服务平台只有两种基本架构：一种是传统的"门户网站+后台中心化存储"的体系结构，另一种是采用云计算技术的"门户网站+云平台多中心分散存储"的体系结构。这两种架构技术成熟、应用场景众多，后台数据均采用中心化存储模式，两者的区别仅在于是集中式中心化存储还是分布式多中心化存储。在中心化或多中心化存储的集权式解决方案下，都能够实现公共平台的基本服务意义，都能够实现信息资源的互联互通、有效共享，从而解决不同系统下信息的"孤岛"问题。

但是，这两种技术成熟、应用场景普及的建设公共平台的基本技术架构，却无法实现信息真正意义上的公正互信，数据的安全问题仍未得到有效解决，一些网络公司丢失用户数据的报道不时出现，再次证明了数据安全的重要性。

2016年，国务院印发《"十三五"国家信息化规划》，强调加强区块链等新技术的创新和应用，加强互联网技术与金融领域的结合。在大力提倡新技术创新背景下，积极探索区块链技术在供应链金融领域的应用，构建基于区块链技术的，集安全性、适用性、可操作性于一身的供应链金融公共服务平台，是未来供应链金融发展的必然趋势。

二、区块链供应链金融公共服务平台的组织形式

实现资金流和供应链信息的实时获取，是有效开展供应链金融业务的保障条件之一，建设供应链金融公共服务平台能够有效解决信息不对称、信息不及时、信息不完善等问题，从而促进中小企业信息化建设，有效控制物流金融业务风险，达到业务全流程实时管理。

吴睿等认为，区块链技术可以从根本上解决交易背景真实性的问题，使企业与银行等供应链金融的参与主体，运用区块链技术形成并共享各自的交易信息，重构全新的、可靠的信用体系，降低供应链金融服务中的信用风险。确定以何种形式构建区块链供应链金融公共服务平台时，应考虑以下几个问题。

（1）安全性是公共平台最基本的要求，尤其是涉及资金、监管、信用等重要数据的安全。

（2）节点数量过少时，联盟链的审核机制可以确保区块链的安全性。

（3）供应链金融的相关参与方需要经过委托、审核或申请加入，才能接受服务，符合审批加入的联盟链形式。

（4）面向动产的服务评价、监管信息、供应链信息、各参与主体的企业信息上传时都需要符合国情，遵守法律、法规，符合规范，上传信息时同样需要审核通过。

（5）金融机构、监管机构作为审核节点，负责核准节点的加入。

（6）审核节点由区域内各金融机构及监管机构组成的节点构成：金融机构作为审核节点是因为属于投资方，是资金风险的最主要承担者；监管机构作为审核节点是为了确保质押的动产可以作为质押品出质。

基于以上因素，供应链金融公共服务平台采用区块链技术，以联盟链的形式构成。根据供应链金融涉及多参与主体及业务特性，采用具有准入机制的联盟链构建供应链金融公共服务平台：由金融机构、监管机构组成原始节点，而需要参与物流金融业务的其他参与主体如物流企业、融资企业、购买企业则需经过审批，方可加入平台成为新节点。各节点通过公共平台进行物流、资金流、信息流、商品流、信用流的交互，最终建成一个基于区块链的供应链金融公共服务平台，如图4-3所示。

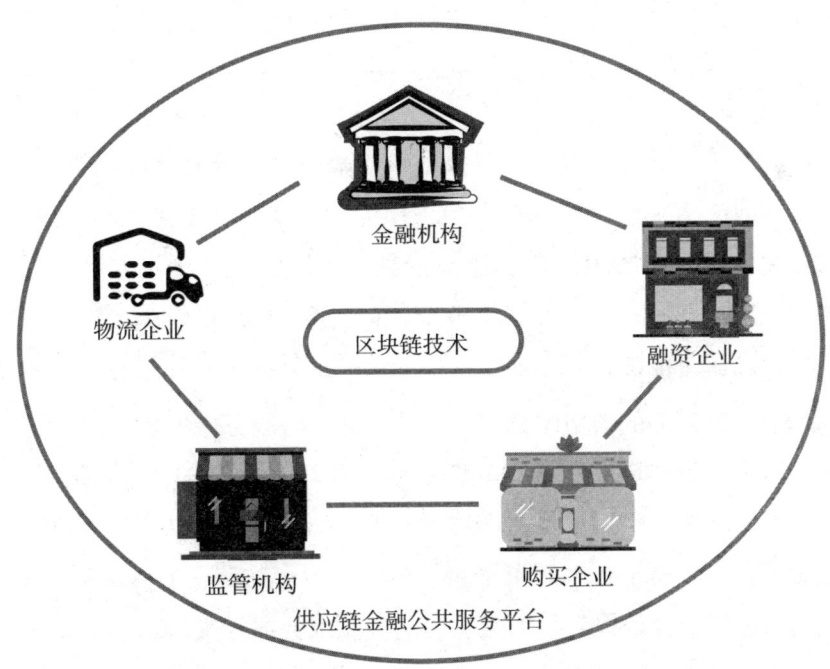

图 4-3 基于区块链的供应链金融公共服务平台

三、区块链供应链金融公共服务平台体系结构

如表4-1所示,区块链供应链金融公共服务平台在法律法规、行业规范及技术规范的约束下,由应用子层、合约子层、核心子层、数据子层、接口子层、共识子层及网络子层等七个功能层组成。

表 4-1　区块链供应链金融公共服务平台体系结构

体系结构		层次功能
规范约束层	基于应用场景的服务应用层	
	应用子层	基础平台、企业平台、交易平台、融资平台、监管平台、物流平台、征信平台
	合约子层	提供智能合约功能
	核心子层	根据信息流,生成各参与方征信报告
	数据子层	数据结构、数据模型、数据存储
	接口子层	数据采集、交换、录入接口
	基于区块链的技术支撑层	
	共识子层	共识机制、激励机制
	网络子层	网络通信协议

构建区块链供应链金融公共服务平台的最终目的是建成供应链金融业务各参与主体的征信记录,实现各参与主体的操作安全和信息安全。因此,该平台通过交易结算、物流跟踪、监管信息、售后服务、参与方评价等信息,根据核心子层的算法,自动完成企业征信的计算,为参与供应链金融业务的各参与方生成征信报告。

(一) 服务应用层

服务应用层包括接口子层、数据子层、核心子层、合约子层及应用子层共五个子层。其中,应用子层涵盖了物流金融业务的全部功能,包括基础平台、企业平台、交易平台、融资平台、监管平台、物流平台及征信平台;合约子层则通过智能合约提供行为触发功能,实现数据提交、商品交易等功能;核心子层则通过系统核心算法,根据数据子层的信息生成各参与方的征信报告;数据子层表述了数据的结构、模型及存储方式;接口子层提供数据采集、

交换和录入的功能。

1. 应用子层

基础平台：包含基础数据、规章制度、学习流程、奖惩机制、使用规范等基本信息。

企业平台：物流金融的五个参与主体，金融机构、监管机构、融资企业、物流企业及购买方在企业平台注册登记，提交企业基本信息。购买方在企业平台的信息登记主要是为了获取真实的购买记录及购买评价，包括对产品销售方即融资企业、物流企业运输服务，甚至监管机构的存储服务的评价，以便通过这种全方位的评价，对参与主体作出全方位、多维度、多视角的征信评价。

交易平台：融资企业的每笔销售记录、每笔购买记录均要在交易平台登记。

融资平台：融资企业的每笔融资业务，包括申请、评估、批贷、还贷、监管委托等完整融资业务均可在融资平台实现。

监管平台：记录监管机构对动产的监管全过程，如数据及视频可以实时显示在监管平台，以备相关方及时、随时查看动产信息。

物流平台：物流企业的物流信息在物流平台登记提交。

征信平台：根据公共平台通过各种方式获取的静态、动态数据，依据算法形成各主体的信用报告，是核心算法的实现，也是整个公共平台最终的核心体现。

2. 合约子层

智能合约是一组可执行的程序代码，通过设定执行约束条件，触发相关操作，如注册、审核、评估、交易、数据提交、查询等功能。

3. 核心子层

核心子层通过系统的核心算法，根据数据子层采集的信息生成各参与方的征信报告。这是区块链供应链金融公共服务平台的核心功能子层。

4. 数据子层

数据子层用于描述数据在公共服务平台的存储形式。

5. 接口子层

接口子层负责数据的采集、交换与录入。

（二）技术支撑层

技术支撑层包括底层的网络通信协议（网络子层）及各节点达成共识及激励机制的共识子层。

1. 共识子层

共识子层包括共识机制及激励机制。共识机制实质是审核节点对节点加入或者数据上传存储的审批；激励机制则针对参与主体上传有效的信息或评价，可以获得一定的奖励代币。

2. 网络子层

网络子层的节点间基于 P2P 协议实现数据传输。

公共服务平台的核心主旨是形成物流金融各参与主体在业务运行过程中所有信息的公信记录，所有信息既包括财务数据、企业规模、企业信用等静态记载，也包括交易信息、动产评估、动产监管数据、商品流、资金流、物流信息及相关方评价等动态数据；公信即一切通过平台查询的结果具有公信力。

四、数据存储方式

区块的容量有限，无法存储大容量数据。大容量数据以加密的形式单独存储于其他节点提供的硬盘空间，同时将数据的哈希值存储于区块上。

数据存储所需的硬盘空间由平台中有存储能力的节点共同提供，每个节点尽可能地贡献自己的部分存储空间，存储其他节点的数据，同时也将自己需要存储的数据存储到其他节点。因此，平台中的每个节点既是存储提供方，也是存储空间的需求方。由于节点在线时间的不确定性，为保证数据的高度可用，需要将数据随机存储到多个同意提供适合存储空间且在线的节点。当节点需要存储数据时，将待存数据通过加密算法加密后，通过网络同时传输到可以提供存储空间的 N 个节点，并将数据的哈希值及存储数据的地址信息保存在当前区块上。当节点需要获取数据时，通过智能合约触发，找到地址信息，通过网络获取数据。

为了确保数据在存储节点不被泄露，所有的数据均加密后传输存储；在区块链节点中记录存储数据的哈希值，能够确保及时发现数据被篡改；为了保证数据高度可用，每份数据都被存储在 N 个节点。

通过区块链技术，解决了数据存储在不可信节点的安全问题：通过加密技术，保证不可信节点存储的数据不可读；通过区块上存储哈希值，保证节点不能更改数据；通过区块链记载的位置信息，确保数据能够被检索；通过冗余存储，确保数据不因个别节点的离线而导致数据不可读。

第五章

供应链金融的主要融资模式

> 目前，供应链金融的融资模式主要有应收账款融资模式、存货融资模式和预付款融资模式三种。在我国的实践中，商业银行或供应链企业为供应链金融业务的主要参与者，在此，我们在介绍供应链金融模式时，主要以供应链企业为服务提供者。

第一节 应收账款融资模式

应收账款融资是销售阶段的供应链融资模式。在供应链中上游企业对下游提供赊销，导致销售款回收放缓或大量应收账款回收困难的情况下，上游企业资金周转不畅，出现阶段性的资金缺口时，可以通过应收账款进行融资。

应收账款融资模式主要指上游企业为获取资金，以其与下游企业签订的真实合同产生的应收账款为基础，向供应链企业申请以应收账款为还款来源的融资。应收账款融资在传统贸易融资以及供应链贸易过程中均属于较为普遍的融资方式，通常是金融机构（银行）作为主要的金融平台，但在供应链贸易业务中，供应链企业在获得保理商相关资质后亦可充当保理商的角色，所提供的应收账款融资方式对于中小企业而言更为高效、专业，可省去金融机构（银行）繁杂的流程，而且供应链企业对业务各环节更为熟悉，同时在风控方面针对性更强。

应收账款融资模式的一般流程为：在上下游企业签订买卖合同形成应收账款后，上游企业（供应商，此时也是融资方）将应收账款单据转让至供应链企业（资金提供方），同时下游企业对供应链企业作出付款承诺，随后供应链企业给供应商提供信用贷款以缓解其阶段性资金压力，当应收账款收回时，融资方（即上游企业）偿还借款给供应链企业。通常，应收账款融资存在保理融资、保理池融资、反向保理融资、融资租赁保理等方式。

一、保理融资

保理融资是指通过收购企业应收账款为企业融资并提供其他相关服务的金融业务或产品，具体操作是保理商（拥有保理资质的供应链企业）从供应商或卖方处买入通常以发票形式呈现的对债务人或买方的应收账款，同时根据客户需求提供债务催收、销售分户账管理以及坏账担保等。应收账款融资可提前实现销售回款，加速资金流转，一般也无须其他质押物和担保，减轻了买卖双方资金压力。其业务基本流程如图5-1所示。

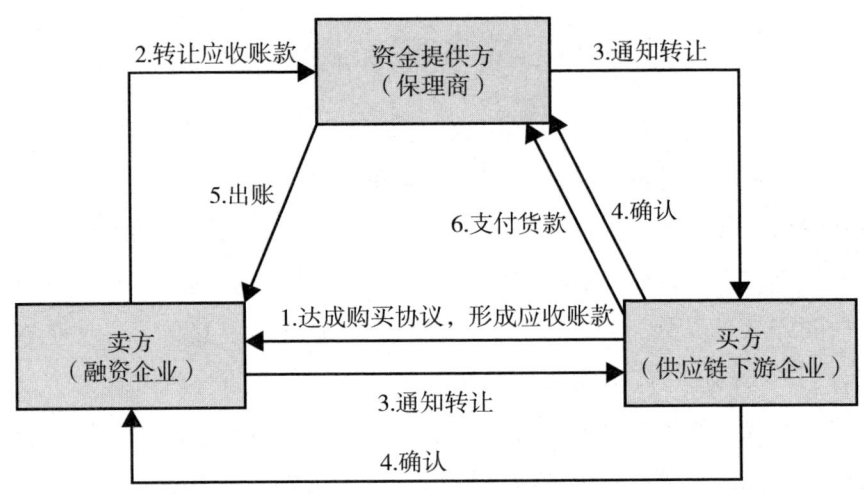

图 5-1 保理业务基本流程

保理融资业务期限一般在 90 天以内，最长可达 180 天，通常分为有追索权保理和无追索权保理，其中，无追索权保理是指贸易性应收账款，通过无追索权形式出售给保理商，以获得短期融资，保理商需事先对与卖方有业务往来的买方进行资信审核评估，并根据评估情况对买方核定信用额度；有追索权保理是指到期应收账款无法回收时，保理商保留对企业的追索权，出售应收账款的企业需承担相应的坏账损失。在会计处理上，有追索权保理视同以应收账款为担保的短期借款。

综合来看，保理融资的优点主要有以下几点。

（1）规避应收账款带来的风险。保理商在核准的买方（融资企业）信用额度内，对没有任何商业纠纷的应收账款，可以为企业提供最高达 100% 的买家信用风险担保，有助于企业拓展销售业务；企业可借助银行的网络和技术优势，有效了解客户的资信情况；通过银行人才、网络和系统优势，为企业提供应收账款的管理和催收，比企业职员能更及时、有效地完成应收账款的变现工作，清除了坏账隐患，减少了信用调查及应收账款的开支；在无追索权的买断式保理方式下，企业可以在短期内大大降低应收账款的余额水平，节约了应收账款的机会成本、坏账成本和管理成本。

（2）减轻企业资金缺乏的压力。针对被接受保理的应收账款，保理商可以按预先约定的比率（通常为发票金额的80%）提供即时的融资。通过应收账款融资，企业可以迅速筹措到短期资金，以弥补临时性短缺，且这种融资无须增加企业负债，而且如果企业使用得当，可以循环使用银行对企业的保理业务授信额度，从而最大限度地发挥保理业务的融资功能。尤其是对于那些客户实力较强、信誉较好，而收款期限较长的企业的作用尤为明显。其成本也要明显低于短期银行贷款的利息成本。

但同时，我们也要注意到保理融资模式的不足之处。

（1）需要支付一定费用。保理融资时要求支付的费用主要有服务费、贴现利息费、单据处理费等。另外，商业银行或保理商通常都要对企业提出一些额外的要求，如企业应对客户拖欠应收账款负责，应收账款无法收回时企业应承担相应的损失等。

（2）应收账款融资的财务成本分析。应收账款保理作为一种企业的短期融资方式，其资金成本按有追索权保理和无追索权保理而有所不同。无追索权保理的资金成本包括支付给保理机构的代理费（这是对其由于应收账款风险的转嫁而进行的补偿）和留置金两部分。资金成本1=支付的代理费/（应收账款面值-支付的代理费-留置金）。有追索权保理实质上是一种抵押贷款，其资金成本包括应收账款的机会成本、变现费用、坏账损失以及融资贴现利息。应收账款的机会成本是指应收账款若变现并将其投入其他项目而给企业所带来的收益；应收账款变现的费用是指企业为了应收账款能够收回所支付的各种收账费用，包括服务费、单据处理费、诉讼费等；坏账损失是指应收账款因收不回而给企业带来的损失。所以，资金成本2=（机会成本+应收账款变现费用+坏账损失+利息）/应收账款面值。从两个资金成本的对比中可以看出，前者的值较低。特别是在融资量很大的情况下，企业要从资本市场上拆借到所需的资金，就必须支付比少量融资高的利率，此种情形之下，无追索权保理的优势更加明显。

二、保理池融资

保理池融资是指供应商即卖方或融资企业,将一笔或多笔具有不同买方、不同期限、不同金额的应收账款全部一次性转让给保理商或银行,再由保理商或银行根据累计的应收账款"池"余额给予卖方一定比例的融资额度。其业务流程如图 5-2 所示。

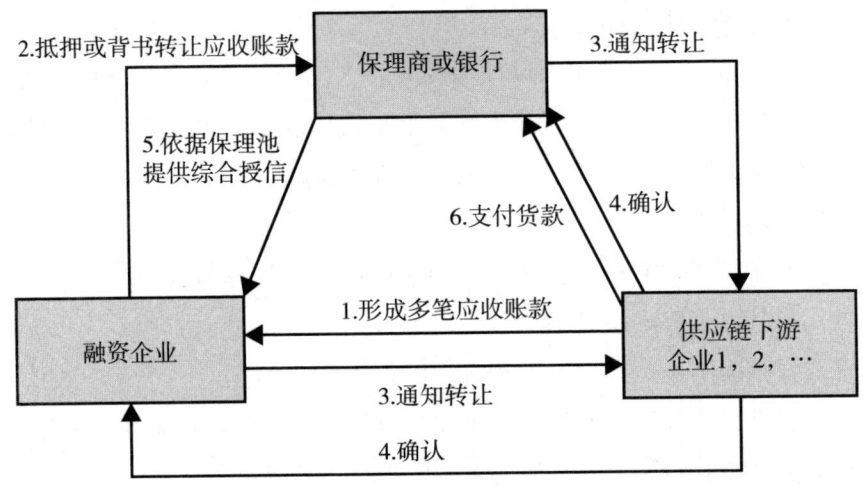

图 5-2 保理池融资业务流程

池保理融资模式下,如果供应商在授信有效期内任何时点均有足额的应收账款余额,那么其可持续使用保理商或银行给予的融资额度,这样就充分挖掘零散应收账款的融资能力;有效整合了零散的应收账款,同时免去多次保理服务的手续费用,有助于提高融资效率;保理池融资通过多个买方的应收账款来降低单一买方还款风险,有利于降低保理商或银行对于供应商的授信风险;对保理商的风控体系提出了更高要求,需对每笔应收款交易细节进行把控,避免坏账风险;下游货物购买方集中度不高,在一定程度上有助于分散风险。

三、反向保理融资

反向保理融资，也称为逆保理融资，是指供应链保理商与资信能力较强的下游企业达成反向保理协议，为上游供应商提供一揽子融资、结算方案的融资模式，主要针对下游企业与其上游供应商之间因贸易关系所产生的应收账款，即在供应商持有该企业的应收账款时，得到下游企业的确认后可将应收账款转让给供应链保理商以获得融资，它与一般保理业务的区别主要在于信用风险评估的对象转变。其业务流程如图5-3所示。

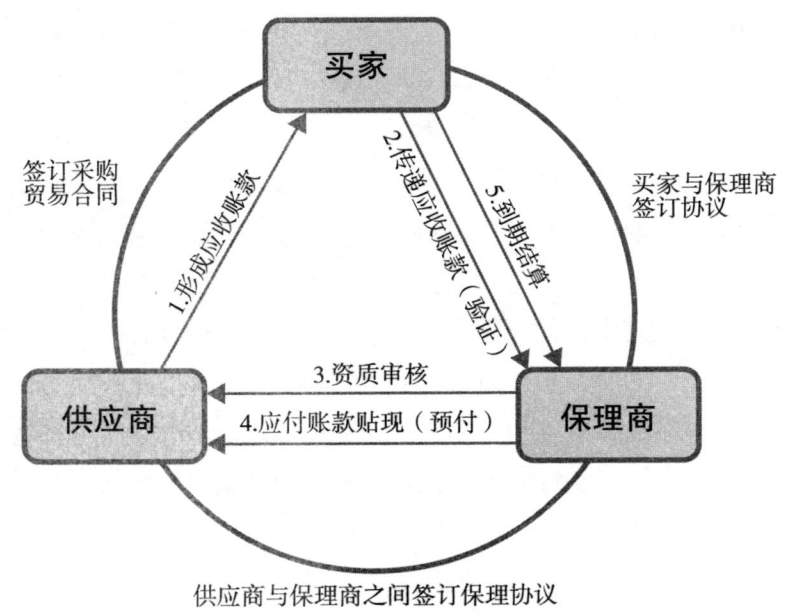

图 5-3 反向保理业务流程

反向保理是在普通保理模式上的创新，该模式主要有以下几项优点。

（1）为中小企业提供了更多的融资机会。由于国家信用体系的不健全，许多保理过程中需要提供的资信调查不能完全完成，使得中小企业因为资信资料不完整，无法利用保理的融资功能。而反向保理业务中，对中小企业资信资料的可获得性的要求并不高，只要其供应商地位得到买方认可，它凭借与买方的有效货物买卖合同就可以得到保理融资。而且由于该合同的信用风险较低，保理商可以提供利率更低的保理业务，减少了中小企业的融资成本。而与保理商的长期合作，有助于更好地提升中小企业的资信等级。

（2）买方客户也可以从中受益。由于市场竞争激烈，越来越多的企业开始利用外部资源进行外包。外包和跨国供应的发展，使得中小企业成为大企业供应链的组成部分，在降低企业生产成本，提高其经营灵活性的同时，也增加了企业管理的难度。反向保理的应用，一方面使得大企业可以利用保理商进行应付账款管理；另一方面，保理商的资金融通使其能从中小企业获得更为优惠的付款方式。

（3）为保理商提供了较好的利益保障。一方面，在反向保理模式下，保理商只从高质量的买方处收购应收账款，承受的资信风险只是高信誉客户的违约风险。保理商只需集中精力收集买方信息，计算买方信贷风险，而不是中小企业的违约风险。这种融资方式对于买方信用较好、卖方信息不完善的交易是件极好的规避风险的工具，使得保理商可以为许多信贷风险较高客户提供无追索权保理业务。另一方面，保理业务依托于合同的顺利执行，而反向保理中的合同均已由买方确认，不存在正常保理中对合同执行和"贸易纠纷"的过度担心，货物买卖合同执行的风险性大大减小。而长期与中小企业的合作，使得保理商可以逐渐了解客户，积累更多的客户资料，拓宽与中小企业的合作领域，以期在将来为其提供更多其他的信贷服务，扩展其业务量和客户量。

四、融资租赁保理

在涉及大型装备的行业，融资租赁保理是较为常见的一种模式。由于在租赁业务中，出租方需要在初期投入大量资金，而后才能从承租人处收取租金，对出租方的资金压力较大，融资租赁保理业务正是为了解决这一问题而产生的。

目前很多的融资租赁公司都会通过设立保理公司，将自身融资租赁业务形成的应收账款进行融资，从而提高资金周转率。其业务流程如图5-4所示。

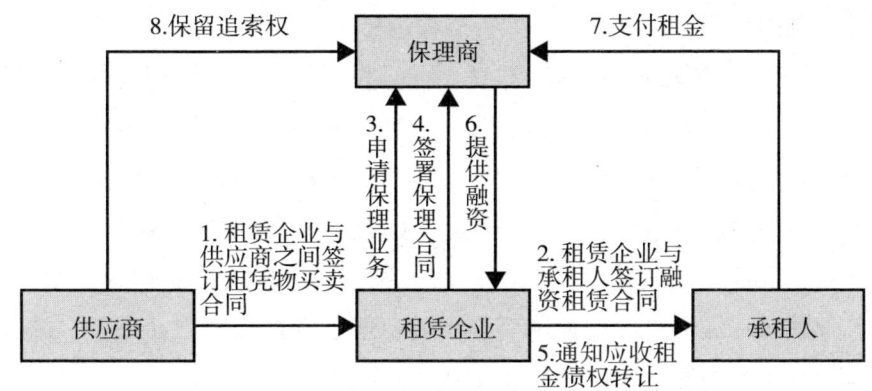

图 5-4　融资租赁保理业务流程

融资租赁保理模式是一种实质上转移与资产所有权有关的全部或绝大部分风险和报酬的租赁模式，综合而言，融资租赁的优势主要有以下几项。

（1）对企业而言，融资租赁的主要形式是通过"融物"的方式，为租赁企业提供了一条新的融资途径，拓宽了企业的融资渠道；相较于银行贷款时门槛高、审查严、程序长的情况，融资租赁信用审核手续相对简单、操作便捷，融资速度较快；企业通过在部分国家试点租赁企业获得的资金，不记入征信系统，不占用企业的授信额度，有利于企业通过租赁公司融资平台与银行开展深层次、全方位的合作；融资租赁具有方式灵活，可随时退租的特点，企业选择这种方式引进固定资产，可以在市场条件好的时候迅速扩大生产规模，在市场萎缩时灵活退出，有利于提高企业经营的灵活性；与银行贷款方式不同，融资租赁属于资产负债表外融资，租金不体现在财务报表的负债项目中，资金可以在财务管理中列为税前列支，承租人采用融资租赁方式租入固定资产时，一般可获得3~5年的中长期融资，相比采用银行流动资金贷款或短期商业信用而言，既能改善流动比率、速动比率等短期偿债能力指标，也可以相对降低承租人资产负债率（保留或提高承租人的融资能力）、提高资产收益率指标等；此外，根据"企业技术改造采取融资租赁方式租入的机器设备，折旧年限可按租赁期限和国家规定的折旧年限孰短的原则确定，但最短折旧年限不短于三年"的政策，间接地起到了加速折旧的作用，企业可以按照最有利的原则，尽快折旧，把折旧费用计入成本。

（2）对银行或保理商而言，租赁企业是租赁物件的法定所有权人，这样就形成了一定的风险隔离，若出现承租人破产的情况，出租人可直接收回和处置租赁物，同时，在租赁结构设计上，租赁公司也会采用相应的外部增信手段对租赁项目进行增信，以控制风险；银行由于受到单一客户集中度的限制，对其优质客户的授信也受到一定的限制，通过租赁企业作为贷款主体，能够给优质客户提供更大规模的资金支持；通过发行理财产品融资、应收账款保理、利率掉期等形式可增加银行中间业务收入。

但同时，我们也要注意到融资租赁保理模式在资金成本较高、不能享有设备的残值、固定的资金支付构成一定的负担，以及相对于银行贷款，风险因素较多的劣势。

第二节 存货融资模式

存货融资模式又称为库存融资模式，是发生在生产运营阶段的供应链融资模式。存货融资主要指融资方以贸易过程中的存货向金融机构进行抵质押融资，一般发生在企业存货量较大或库存周转较慢，导致资金周转压力较大的时候，企业利用现有货物进行资金提前套现。该模式借助第三方物流或仓储公司对抵质押商品进行监管，金融机构得以向融资方提供流动性支持，从而降低融资方库存商品的资金占用成本和使用成本。通过存货融资可以实现生产销售稳定与流动性充裕两者之间的平衡。随着参与方的延伸以及服务创新，库存融资模式的表现形式多样，主要有以下几种。

一、静态质押融资

静态抵押融资是指融资企业将抵质押物交给第三方物流企业，取得融资后，抵质押物就不再变动，一直到抵押结束、贷款清偿后，抵质押物才能重新流通使用的融资模式。其业务流程如图 5-5 所示。

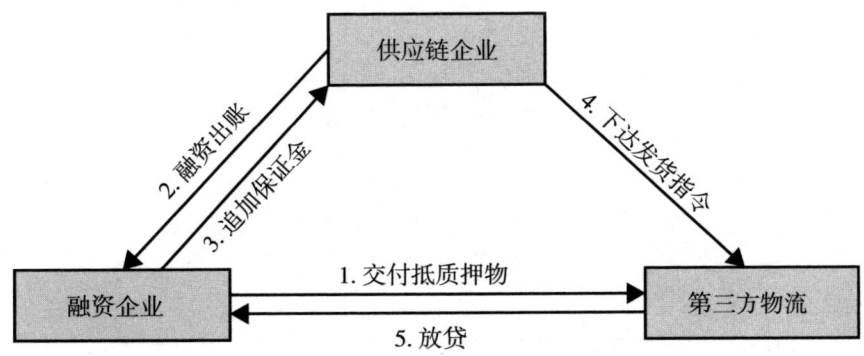

图 5-5 静态质押融资业务流程

在这种模式中,融资企业以自有或第三方合法拥有的存货为抵质押物,供应链企业可委托第三方物流企业对客户提供的抵质押物实行监管。企业通过静态质押融资可以有效盘活积压存货的资金,以扩大经营规模,货物赎回后还可进行滚动操作。

静态质押融资能够在一定程度上保证第三方物流企业贷款的安全,但在实践中也暴露出许多问题,如融资企业将原材料抵押融资,而其生产又需要使用这些原材料,按照静态质押融资的思路,在融资企业清偿债务前,都是不能使用被抵押的原材料的,由此可能导致融资企业生产停滞,贷款无法按期偿还,第三方物流企业不得不承受抵质押物贬值或变现损失等一系列后果。为此,动态质押融资模式应运而生。

二、动态质押融资

动态质押融资又称为核定库存融资,是在静态质押融资的基础上发展起来的一种更为便捷的供应链融资模式。动态质押融资的基本结构与静态质押融资类似,区别在于,动态质押融资可事先设定用于抵质押的商品价值的最低库存限额,在质押期间,允许限额以上的商品出库,同时允许抵质押物按照约定方式进行置换、流动或补新出旧,属于一种分批次多次提单的类型。其业务流程如图 5-6 所示。

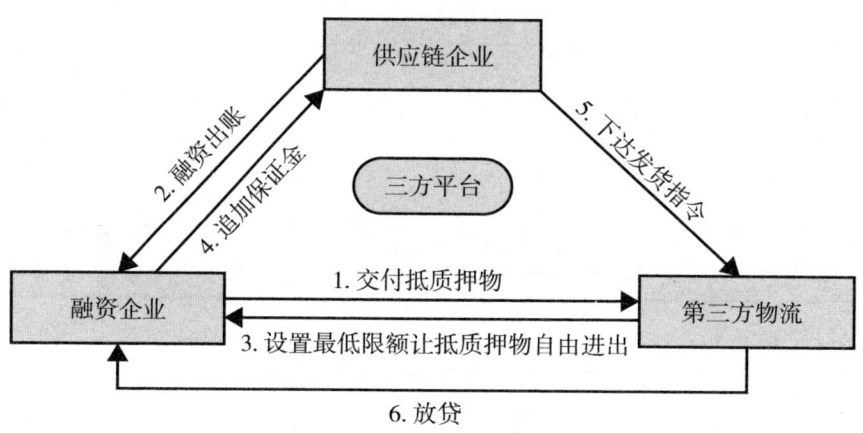

图 5-6 动态质押融资业务流程

进行动态质押融资的优点很多。首先是该模式针对最低库存限额进行质押，不限制货物的正常进出，这样就保障了融资企业的正常经营不受影响。其次，所质押货物的操作原则都是先进先出、以旧换新，货物其实处于增值、保值状态。最后，虽然是以最低库存限额进行质押，但整批货物仍旧掌握在银行及监管方手中，风险可控。在风云变幻的市场情况下，进行动态质押融资更符合现代企业的需求。

综上可见，静态质押融资和动态质押融资都适用于除了存货以外没有其他抵质押物，但又有融资需求的企业，该企业拟质押的存货必须符合银行货押商品目录制度。

在这两种模式下，对融资企业而言，在没有其他抵质押物品或担保的情况下，可以从银行获得授信；可以将原本积压在存货上的资金盘活，从而扩大经营规模。对供应链企业而言，扩大了目标客户群体；在无法得到其他抵质押物的情况下，获得相对变现能力较强的抵质押物；可以利用贸易链，切入融资企业的上游企业。

三、仓单质押融资

仓单质押融资按仓单的类型可分为标准仓单质押融资和普通仓单质押融资，区别在于质押物是否为期货交割仓单。

其中，标准仓单质押是指企业以自有或第三人合法拥有的标准仓单为质押的融资业务，适用于通过期货交易市场进行采购或销售的客户以及通过期货交易市场套期保值、规避经营风险的客户，手续较为简便、成本较低，同时具有较强的流动性，可便于对质押物的处置。普通仓单指客户提供由仓库或第三方物流提供的非期货交割用仓单作为质押物，并对仓单作出融资出账，具有有价证券性质，因此对出具仓单的仓库或第三方物流公司资质要求很高。标准仓单质押融资和普通仓单质押融资的业务流程分别见图 5-7 和图 5-8。

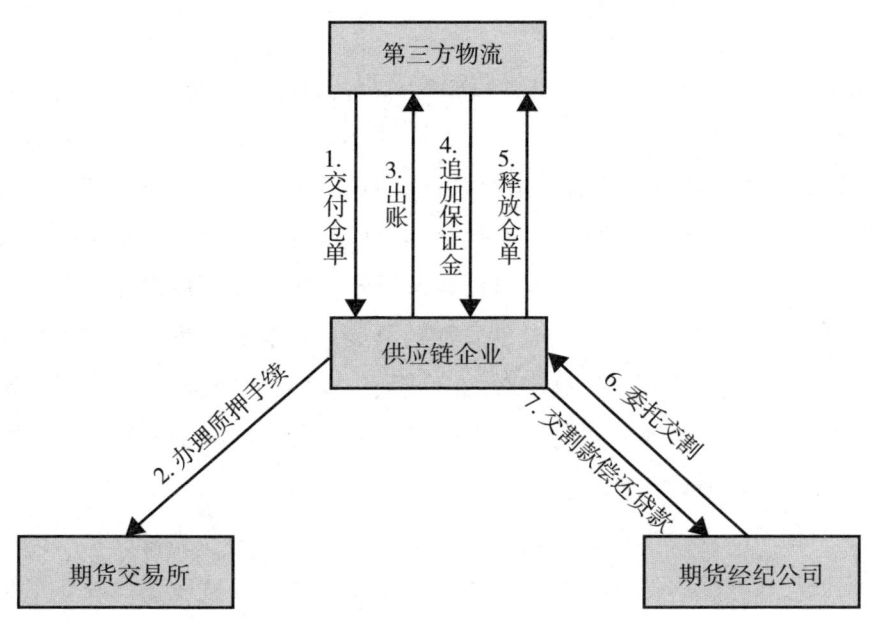

图 5-7 标准仓单质押融资业务流程

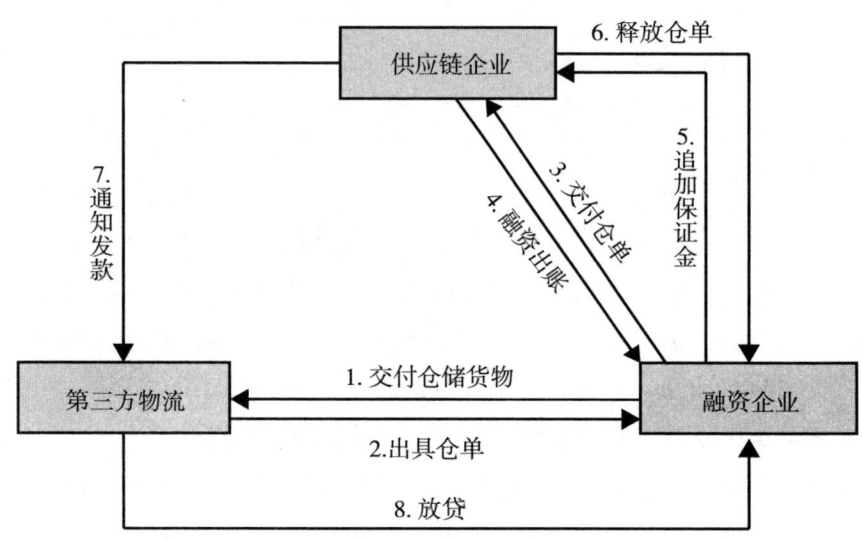

图 5-8 普通仓单质押融资业务流程

开展仓单质押融资业务可在一定程度上促进社会经济健康发展。一方面，由于我国信用体系发育程度较低，商业银行不良资产不断增加，企业之间资金相互拖欠、"三角债"盛行的情况时有发生，市场交易中因信用缺失、经济秩序问题造成的无效成本巨大，而社会信用体系的建立是一个庞大的社会系统工程，因此，质押监管是目前信用体系尚未成熟情况下促进经济健康发展的有效途径之一。另一方面，仓单质押融资业务把静态的库存变成资金，将会促进经济的良性循环，提高经济运行质量；以原材料或产成品等资产质押方式融资，将有利于建立银行与企业间的融资纽带，疏通企业筹集资金的渠道，改变中小企业贷款难和融资难的问题。

从目前市场情况来看，在存货融资过程中，供应链企业通常为避免因市场价格波动或其他因素导致库存积压，在库存环节单纯就库存商品对中小企业进行库存融资的情况较少，更多的是在采购或者销售阶段得益于整体供应链条环节紧扣就可对库存进行控制，因此，中小企业更多的通过其他渠道进行库存融资。此外，一般供应链业务中因上下游的协调配合，库存周转较快，单独以库存融资情况相对传统贸易融资较少。

第三节　预付账款融资模式

预付账款融资模式是发生在采购阶段的供应链融资模式，可以理解成是"未来存货的融资"。在存货融资的基础上，预付款融资得到发展，买方在交纳一定保证金的前提下，供应链企业代为向卖方议付全额货款，卖方根据购销合同发货后，货物到达指定仓库后设定抵质押为代垫款的保证。在产品销售较好的情况下，库存周转较快，因此资金多集中于预付款阶段，预付款融资时间覆盖上游排产以及运输时间，有效缓解了流动资金压力，货物到库可与存货融资形成"无缝对接"。一般在上游企业承诺回购的前提下，中小企业以供应链指定仓库的仓单向供应链企业申请融资来缓解预付款压力，由供应链企业控制其提货权的融资业务，一般按照单笔业务来进行，不关联其他业务。在具体操作过程中，中小企业、供应链上游企业、第三方物流企业以及供应链企业共同签订协议，一般供应链企业通过代付采购款方式对融资企业融资，购买方直接将货款支付给供应链企业。预付款融资方式多用于采购阶段，其担保基础为购买方对供应商的提货权。目前国内供应链贸易企业中常见的模式为先票/款后货融资和保兑仓融资。

一、先款/票后货融资

在供应链贸易业务中，供应链企业可提供预付款融资服务，尤其在较为成熟的供应链条中，当中小企业在采购阶段出现资金缺口时，向供应链企业交纳保证金并提供相关业务真实单据（先款/票），供应链企业在对商品供应商进行资质核实后，代替中小企业采购货物，并掌握货权，随后由中小企业一次或分批次赎回（后货）。按照中小企业与供应链企业具体协议，以及双方合作情况，货物可由供应商直接运送至中小企业或运送至供应链企业指定的仓库，而此时，供应链企业可在采购甚至物流、仓储以及销售阶段实质性掌握货权。该模式的业务流程如图5-9所示。

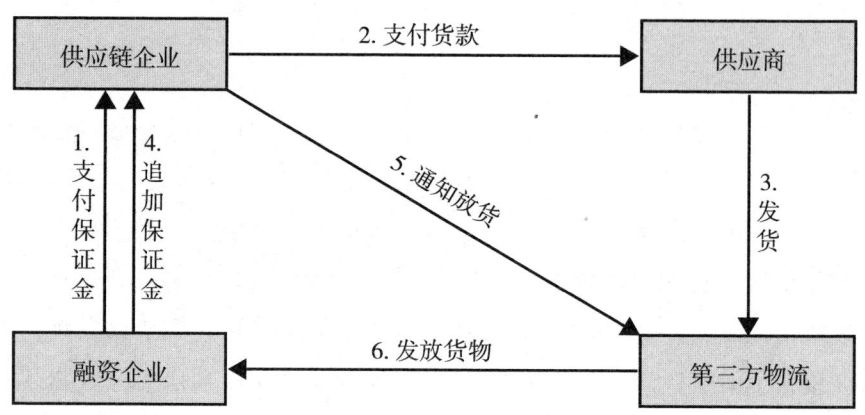

图 5-9 先款/票后货融资业务流程

二、保兑仓融资

保兑仓融资是指以银行信用为载体，以银行承兑汇票为结算工具，由银行控制货权，仓储方受托保管货物，承兑汇票保证金以外金额部分由卖方以货物回购作为担保措施，由银行向供应商（卖方）及其经销商（买方）提供的以银行承兑汇票为结算方式的一种金融服务。

该模式需要处于供应链中的上游供应商、下游经销商（融资企业）、银行、仓储监管方共同参与，即在供应商（卖方）承诺回购的前提下，融资企业（买方）向银行申请以卖方在银行指定仓库的既定仓单为质押的贷款额度、由银行控制其提货权为条件的融资业务。其业务流程如图 5-10 所示。

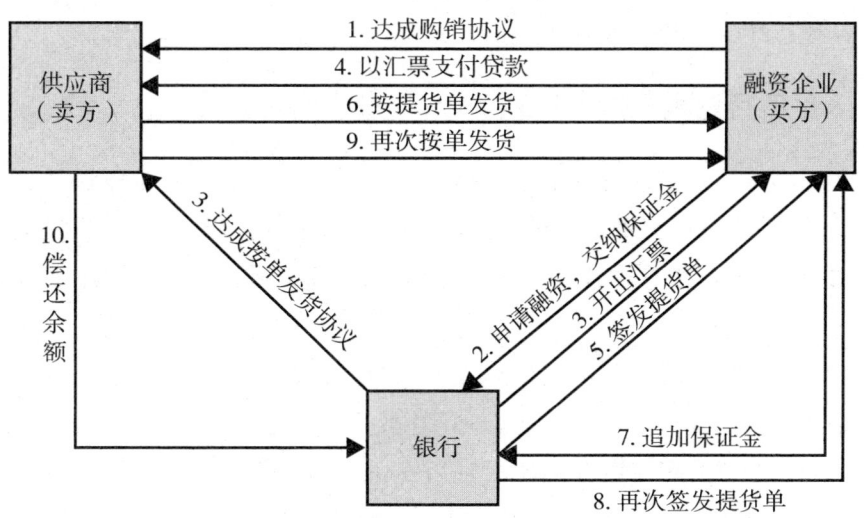

图 5-10 保兑仓融资业务流程

第四节 区块链技术构建应收账款融资平台的应用

2018 年 8 月 17 日，浙商银行股份有限公司（以下简称浙商银行）作为发起机构代理人的"浙商链融 2018 年度第一期企业应收账款资产支持票据"在银行间市场成立发行，这是市场上首单区款链应收账款 ABN 项目。项目注册金额 50 亿元，本期发行规模 4.57 亿元，发行利率 4.90%，获得了市场投资人认可。浙商链融 ABN 项目以企业在浙商银行应收款链平台上签发及承兑的应收账款为基础资产，由中铁信托有限责任公司（以下简称中铁信托）担任发行载体管理机构，主承销商为浙商银行。本项目的成功发行，意味着债市活水有望借道金融科技，导流至供应链上下游企业，帮助它们攻坚克难盘活应收账款、纾解流动性风险。[①]

一、项目背景

2018年8月，我国银保监会发布《关于进一步做好信贷工作提升服务实体经济质效的通知》，要求"盘活存量资产，提高资金使用效率；积极运用资产证券化、信贷资产转让等方式，盘活存量资产，提高资金配置和使用效率"。

浙商链融项目的发起机构代理人浙商银行，是业内首家基于区块链技术构建企业应收款链平台、帮助企业盘活应收账款和降低综合成本的商业银行。当前企业间的贸易多采用账期方式延后支付，应收账款积压是困扰企业的共性难题。截至2017年末，我国规模以上工业类企业的应收账款余额为13.48万亿元，平均约占企业流动资产的25.2%。

为化解企业应收账款占比过高的难题，2017年，浙商银行基于区块链技术研发了应收款链平台，利用其分布式记账、智能合约和不可篡改的特性，把企业的应收、应付账款转化为支付结算和融资工具。企业在应收款链平台上签发及承兑的应收账款，既可以作为购买商品或劳务等的交易对价支付给平台的其他用户，也可以通过转让或质押来获取资金，以此"点石成金"，实现应收账款的无障碍流转或变现。

截至2018年6月末，该平台已落地558个，注册用户达1800多户，累计签发2600多笔区块链应收款，金额合计265亿元。据介绍，银行间市场首单应用区块链技术、直接以企业应收账款为基础资产的证券化产品"浙商链融"，正是这一政策背景下的全新探索。它的成功发行，意味着债市活水有望借道金融科技，导流至供应链上下游企业，帮助它们攻坚克难盘活应收账款、纾解流动性风险。

二、项目概况

浙商链融ABN项目注册金额50亿元，本期发行规模4.57亿元，本交易

[①] EFCE 拓令传媒. 浙商银行，首单区块链应收账款ABN成功发行！[EB/OL]. (2018-08-21) [2020-05-26]. https://www.sohu.com/a/249155436_100188266.

共设置一档票据，固定利率发行，AAA 评级，期限 354 天，发行利率 4.90%，到期一次性还本付息。本项目浙商银行作为发起机构之代理人，为企业减免了各类注册发行手续的时间和费用成本；同时，由于发起机构均为应收款链平台的注册用户，由浙商银行担任资产服务机构，也可以大幅节约管理和交易成本。据悉，"浙商链融"从交易商协会准予注册（8月3日）到首单 4.57 亿元成功发行（8月17日）仅耗时 15 天，落地之快备受认可。据上海清算所（以下简称上清所）的资料，项目基本情况如表 5-1 所示。

表 5-1　　　　　　　　　　　　项目基本信息

产品全称	浙商链融 2018 年度第一期企业应收账款资产支持票据		
产品简称	18 浙商链融 ABN001	产品代码	81800102
发行人名称	中铁信托有限责任公司	发行总额（亿元）	4.57
发行价格（元/百元面值）	100	面值（元）	100
发行日	2018-08-16	登记日	2018-08-17
流通日	2018-08-20	流通结束日	2019-08-05
期限	354 日	到期（兑付）日	2019-08-06
产品评级	AAA	产品评级机构	联合资信
主体评级	无	主体评级机构	无
计息方式	附息固定	票面年利率（%）	4.900

基础资产方面，本交易基础资产为代理人所代表的发起机构持有的、符合合格标准的未到期应收账款债权，具体为浙商银行企业应收款链平台上登记并流转、已获得保兑人保兑的未到期贸易应收账款债权及/或工程应收账款债权。本交易入池资产共涉及 5 笔贸易应收账款债权，入池应收账款本金余额为 48049.64 万元。按照浙商银行贷款质量五级分类方法，入池资产全部为正常类。资产池应收账款债务人分布在 4 个行业。其中，文化、体育和娱乐业未偿本金余额占比最高，为 72.84%；资产池应收账款债务人分布于两个省市，其中北京市未偿本金余额占比最高，为 72.84%。据评级报告，基础资产具体情况如图表 5-2 所示。

表 5-2　　基础资产情况

序号	应收账款金额(万元)	金额占比	签发日	到期日	剩余天数	五级分类	应收账款类别	地区	行业
1	35000.00	72.84%	2018-08-03	2018-08-01	351	正常	贸易	北京	文化、体育和娱乐业
2	8849.64	18.42%	2018-08-02	2018-08-01	351	正常	贸易	江苏	电气机构和器材制造业
3	2000.00	4.16%	2018-08-03	2018-08-01	351	正常	贸易	江苏	批发业
4	1400.00	2.91%	2018-08-03	2018-06-21	310	正常	贸易	江苏	建筑安装业
5	800.00	1.66%	2018-08-03	2018-08-01	351	正常	贸易	江苏	批发业
合计	48049.64	100%	—	—	—	—	—	—	—

交易结构方面，交易的发起机构代理人浙商银行按照国内现行的有关法律及规章，将其代理的委托人合法所有且符合本交易信托合同约定的合格标准的应收账款债权作为基础资产，采用特殊目的信托载体机制，通过中铁信托设立"浙商链融2018年第一期企业应收账款票据信托"。中铁信托以受托的基础资产为支持，在全国银行间债券市场发行资产支持票据。投资者通过购买并持有该票据，取得该信托项下相应的信托受益权。根据评级报告，本期项目的交易结构如图5-11所示。

增信措施方面，浙商链融ABN项目采用超额覆盖、最后兑付人、不合格资产赎回、信用触发机制等交易结构安排，实现信用提升。

(1) 基础资产超额覆盖。本交易资产池应收账款总金额为48049.64万元，资产支持票据预计发行规模为45700.00万元，资产池对资产支持票据本金形成超额覆盖。联合资信的测算结果表明，在资产支持票据发行利率不超过5.00%的情况下，资产池回收款可以覆盖票据端本息费支出。

(2) 最后一手兑付人。本交易约定，就每一笔基础资产而言，浙商银行将作为其唯一/最后一手保兑人，承诺对应收账款的到期兑付承担无条件差额垫付责任。联合资信给予浙商银行的主体信用等级为AAA，信用水平极高，面临违约风险较低。

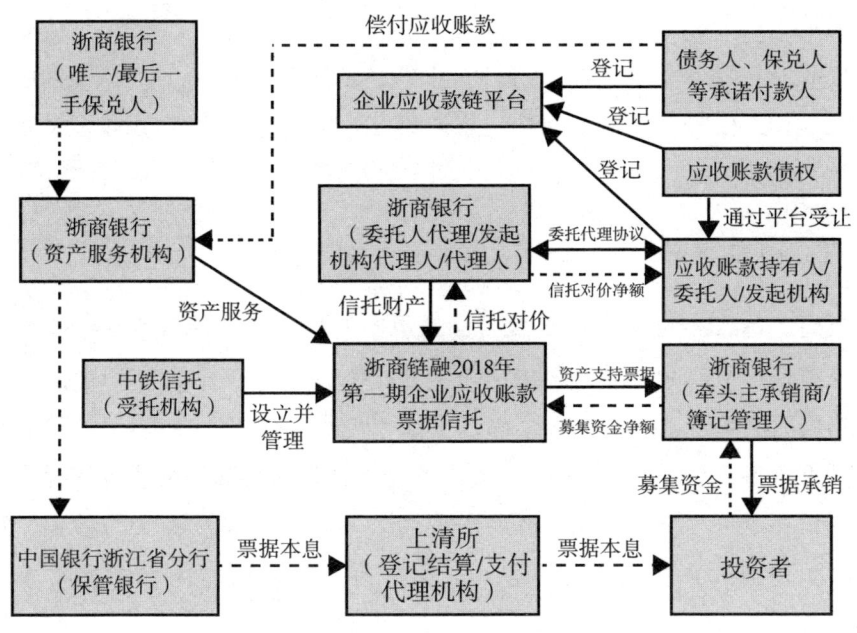

图 5-11　交易结构

（3）不合格资产赎回。本交易约定，如发现不合格资产，受托人应立即通知发起机构赎回该笔资产，如发起机构未按时履行赎回义务，代理人浙商银行有权赎回该笔不合格资产。如发起机构和代理人浙商银行均未赎回该笔不合格资产，则代理人应承担赔偿责任，且赔偿金额不低于无法及时回收的应收账款金额之和。

（4）信用触发机制。本交易设置了"违约事件""权利完善事件"等触发机制，在一定程度上缓释了事件风险的影响。

三、浙商银行企业应收款链平台

2017 年 8 月 16 日，浙商银行推出业内首款基于区块链技术的企业应收款链平台。通过企业应收款链平台，企业可将账面的应收账款转化为电子支付结算和融资工具，轻松盘活流动资产，加快资金周转，减少融资成本，帮助企业降本增效。平台用户可通过该平台完成区块链应收账款的签发、承兑、保兑、支付、转让、质押及兑付等业务，将应收账款转化为电子支付结算和融资工具。

企业应收款链平台于 2017 年 3 月上线，截至 2018 年 6 月，该平台已落地 558 个，注册用户达到 1800 多户，累计签发区块链应收账款 2600 多笔，金额合计 265 亿元。

四、项目意义

浙商链融 ABN 项目的成功发行，更重要的意义在于债市活水有望借道金融科技和证券化产品，导流至供应链上下游中小企业，帮助它们盘活应收账款、拓展融资渠道、降低融资成本。

一直以来，"深化金融体制改革，增强金融服务实体经济能力，提高直接融资比重，促进多层次资本市场健康发展"始终为政策层面大力提倡，债市也被认为是国内直融的主渠道之一，在货币和资本市场中发挥着重要桥梁作用。

然而相较传统融资，债券投资人对信用债融资主体的资质要求较高，多数实体经济企业要达 AA 或 AA+以上外部信用评级绝非易事。2018 年以来，由于债券市场风险偏好不断下调，市场资金涌向 AAA 高评级客户，其发行利率不断下行，而民营企业发债仍然艰难。"浙商链融"正是精准靶向这一痛点，通过"应收款链平台+证券化"方式，为实体经济从债券市场获取直接融资开辟了新的通途。

浙商银行投资银行总部总经理沈滨表示，当前融资环境下，要提高金融服务实体经济水平，必须通过适当的安排将资金高效引流至智能制造、战略新兴产业等国家重点扶持和鼓励创新领域。应收款链平台与证券化产品相结合，可架设起实体经济企业与金融市场之间的桥梁，从而形成更广阔的平台化生态圈，实现对实体经济企业的"精准滴灌"。

第六章

供应链金融的风险所在

> 随着供应链金融逐步从基于链条走向网络,从交易结构走向结构与大数据并存,供应链及其金融活动的风险越来越大,也越来越复杂。因此,在开展供应链金融活动的创新过程中,有效地识别、管理供应链风险以及供应链金融风险,将成为供应链和供应链金融稳定、持续、有效开展的关键。

第一节 供应链风险和供应链金融风险

对于风险以及商业世界中风险的研究非常多,纵观研究结果,我们可以将其定义划分为两类。第一类定义来源于古典决策理论,March 和 Shapim 将其定义为,因不确定性而导致的预期结果的偏离、分布及其概率。经过修正,Juttner 等将供应链领域的风险定义为,供应链可能的结果分布的偏离,以及由其产生的价值的不确定性。从这一类定义中可以发现,风险不仅包含着危险,也预示着机会的存在。第二类定义则直接将风险与负面情况相联系。例如,Lefley 指出,风险来源于不确定性,并且也产生了一个未来事件发生的概率,通常和消极的结果有关,如无法满足消费者的需求或产生了对消费者安全产生威胁的事件。Harland、Brencheley 和 Walker 将风险定义为损害、损失、伤害以及其他不利结果出现的可能性。与第一类定义相比,第二类定义与人类的认知更加一致,因此大多数学者在研究中将风险刻画为一个特定事件与其消极影响企业严重性的乘积的概率。

供应链金融风险管理首先需要关注金融创新活动的前提——供应链,供应链运营中的风险以及行为直接决定了供应链金融的控制成效,因此,认识供应链风险、供应链风险的类型以及供应链金融活动中可能存在的风险,成为顺利推动和发展供应链金融的关键。

一、供应链风险

供应链风险一直是学术界和实业界关注的话题,围绕这一概念形成了各种各样、千差万别的概念,尽管这些概念都被笼统地归纳在供应链风险研究的范畴之下,但这些概念与供应链风险本身既存在区别又相互联系。

(一) 供应链风险的相关概念

1. 供应链风险与供应链中断

近年来,供应链中断在供应链风险研究中出现频率最高,但一般认为,供应链风险与供应链中断是两个不同的概念。Tang 将供应链风险划分为两个维度：中断风险和营运风险。其中，中断风险是由诸如破产、自然灾害和恐怖袭击等事件所引发的风险，相对营运风险而言，尽管出现频率低，但是后果更为严重，而且难以管理。因此，供应链中断实际上是使得供应链风险具体化的一些事件，它是一种显现出来的情况。Bode 等将其定义为两个方面的组合：在供应链中或供应链环境中由意想不到的情况引发的事件，事件的结果将严重威胁到企业的正常商业运作。关于供应链中断所关注的那些会造成企业之间物流、信息流和资金流断裂和中止的事件，它既可能由供应链内部事件所引发（如供应商、客户等），又可能由供应链外的事件引发（如自然灾害），而且在规模、特性和影响方面存在差异。

2. 供应链风险与供应链脆弱性

在关于供应链风险的研究中，供应链脆弱性和供应链风险经常被作为两个互换使用的概念。较早的关于供应链脆弱性的定义来源于 Juttmer 等，他们认为供应链脆弱性是使供应链产生不良后果倾向的性质，是风险来源和风险驱动因素作用大于风险缓解战略作用的结果。Wagner 和 Bode 也将供应链脆弱性定义为供应链容易受到干扰而发生中断从而导致损失的一种特点。Gualandris 和 Kalchschmidt 将供应链脆弱性定义为供应链网络受到不同干扰从而导致各种"流"受到阻碍和供应链运营出现崩溃的情况，并且认为，通过供应链风险评估模型可以对这种脆弱性进行评价和应对准备。考虑到供应链脆弱性亦是指各种负面结果出现的可能性，并且需要通过供应链风险管理手段来进行应对和缓解，供应链脆弱性和供应链风险（性）在概念上可以认为是一致的。

3. 供应链风险与供应链不确定性

在某些供应链风险研究中，供应链不确定性与供应链风险常被混淆使用。然而，根据供应链风险的定义，我们可以看出，供应链风险是由不确定性造成的消极结果。正如 Yates 和 Stone 所言，"高水平的不确定性会导致高水平的供应风险"。Waters 也认为，风险的存在是由于对未来存在着某种确定类型的不确定性，从某种意义上说，不确定性比风险的范围更大。早在 Knight 对确定性、风险和不确定性的研究中，他采用了"可衡量的不确定性"和"不可衡量的不确定性"两种说法，前者正是风险的缘起之一，因为风险意味着其具有一定的概率。Vilko、Ritala 和 Edelmann 在研究中构建了一个从"确定性"到"不确定性"的连续集，其中"概率性的确定性"等同于风险。因此，供应链风险和供应链不确定性的区别也就显而易见。

4. 供应链风险与供应链弹性

供应链弹性或弹性供应链是供应链风险研究中经常出现的话题之一。大多数学者都认为，既然供应链中断是不可完全避免的情况，那么供应链管理就应该集中于弹性能力的提升，例如在尝试规避中断发生的同时承受这种中断的能力。供应链弹性是指供应链为了应对不可预知的事件、中断以及完成恢复并保持连续性水平，对供应链结构和职能进行控制的一种适应性能力。供应链弹性所反映的是供应链各个阶段对冲击的吸收，因此它更多强调的是情况发生之后系统状态的恢复，而非在情况发生之前的预防作用。学者认为，供应链弹性需要包括柔性、敏捷性、可逆性、适应性和冗余等要素。供应链弹性或弹性供应链与供应链风险研究的相关联之处在于，供应链弹性是与供应链风险或供应链中断相对应的概念，供应链弹性能力的拥有或弹性供应链的建立实际上正是供应链风险管理的重要部分，企业对弹性能力的利用往往是出于供应链风险管理的目的。

(二) 供应链风险的来源

供应链中焦点企业的上下游是风险产生的直接来源，因而在关于供应链风险的研究中，受到较多关注的是供应风险，这是根据来源方向对供应链风险进行的划分，一般与"需求风险"相对应。例如，Bode 等研究了企业对出现财务危机的供应商的管理，提出了"供应商违约风险"的概念，认为这是指由供应商出现财务违约情况所带来的供应链中断的可能性。类似地，Gualandris 和 Kalchschmidt 也关注了"供应商失败风险"，它与供应商变成无法获得的状态有关，例如供应商发生财务危机、竞争对手对供应商进行了垂直整合等都会使这一风险出现。管理者认为这种风险是供应链脆弱性最重要的表现形式之一。

另一种更加具体的供应风险是 Fischl 等在研究中提出的价格风险，它并不是与企业产品销售价格相关的风险，而是指因工业消费要素（如原材料、半成品/产成品、辅助材料和操作材料等）采购价格的极端增长或巨大波动而造成的相关风险，能够带来生产经营的动荡。Zhao 等在来源方向的基础上更加细化，将所研究的供应链风险划分为供应运送风险和需求不确定性风险。前者是指供应商无法准时送达所导致的企业在生产、存货或销售等方面出现问题的可能性；后者则是指不确定和动态的客户需求导致的企业的高存货成本、低客户服务水平和不可靠交付的风险。供应和需求双方的不匹配也是造成风险的来源，Tomlin 认为，在全球化的生产中，供应和需求的不平衡是很多产业中都会存在的风险，因此他将这种风险称为"供应—需求风险"。

此外，其他研究者探讨了更广泛的风险来源，在供应风险和需求风险的基础上还区分了其他的供应链风险类别。例如，Cruz 基于现有研究，在研究中将全球供应链网络中的风险分为供应方风险、需求方风险、汇率风险和整体的社会性风险。其中，供应方风险主要来源于供应商延迟、质量问题以及供应商的机会主义行为等；需求方风险来源于需求的不确定性、支付延迟以及协调和信息共享的缺乏等；汇率风险是指当企业将货币兑换成本国货币时由于汇率变化而发生的损失，一方面表现为实际成本上升带来的市场中价格竞争力的丧失，另一方面则表现为企业收益的减少；社会性风险产生于企业自身或者是其他组织行为所产生的脆弱性，包括国家风险、运营性风险、产品和社会期望四个方面。同样，Ivanov 等将供应链中的风险分成了四大类：数量/需求风险、可得性/供应风险、全球化/结构风险和波动性/过程风险，这四类供应链风险是不确定性和供应链中的连锁反应的原因。Leat 和 Revoredo-Giha 在对苏格兰猪肉产业进行研究时，区分了个体层面的风险、供应链风险和环境风险，其中供应链风险可以被分为过程风险、控制风险、需求风险和供应风险。过程风险是指与企业中创造价值及管理活动的过程发生中断有关的风险，控制风险是与用来控制这些过程的系统或标准发生崩溃或被误用有关的风险，而需求风险和供应风险是指企业与客户或供应商之间发生的产品、信息和资金流所出现的断裂。

还有学者基于特定的研究主题，区分了不同来源的供应链风险。例如，Hofmann 等研究了与供应链可持续性相关的风险，认为上游供应链所包含的可持续性议题是供应链风险的来源，即社会性议题（与工作条件和薪酬有关）、生态性议题（与投入有关，如能源的消耗和资源的利用等）和企业伦理性议题（如腐败等），这三种议题会形成不同的供应链可持续性风险。Hartmann 和 Herb 提出了服务供应链中存在的机会主义风险，这是由服务提供商的机会主义行为而引起的服务接受方的损失，例如服务提供商故意不履行契约规范或义务等，使得服务接受方利益受损。

（三）供应链风险产生的结果

有些研究关注的是因为风险而遭受损失的对象。例如，Hora 和 Klassen 关注的是运营性风险，他们认为运营性风险是一种企业运营方面的可能性损失，这种损失来自运营性投入、内部过程和系统（包括员工和设备）、下游供应链伙伴或客户以及外部事件。

Lemke 和 Petersen 研究了供应链中的声誉风险。他们认为，在供应链中，单个企业声誉的特定方面是可以被共享或转移的。这就意味着，供应链成员之间的声誉存在着溢出效应。因此，供应链中某些位置的节点企业的声誉是一种累积的结果，因此可能会因其他企业的行为而遭受消极的影响，这不同于企业独立运营时的声誉风险。Roehrich 在研究中将企业声誉风险暴露定义为来源于企业外部（如产业环境和国家制度环境等）或内部（如管理决策和企业规模）的事件所导致的消极影响利益相关者对企业行为和表现的认知的可能性总和。

Zhou 和 Johnson 探讨了由于供应商质量信息披露不完全所导致的产品质量风险，即产品质量出现不合格或不可靠等问题。质量风险大小取决于质量信息披露的程度，这些信息包括采购实践、管理能力、企业成熟度、财务稳定度、质量检查数据和质量审核等。

二、供应链金融风险的概念及类型

（一）供应链金融风险的概念

供应链金融风险是指商业银行和第三方物流企业在对供应链企业进行融资的过程中，由于各种事先无法预测的不确定因素带来的影响，使供应链金融产品的实际收益与预期收益发生偏差，或者资产不能收回从而遭受损失的可能性。

宏观经济政策的调整或改变、金融放松监管或变得自由化、内部管理与道德风险、经营环境与非经济因素、供应链产生风险事件等都会引起供应链金融风险。

（二）供应链金融风险的类型

关于供应链金融风险的类型，很多研究有不同的划分方式，诸如有的将供应链金融风险分为内部风险和外部风险，也有的将风险按照发生的层级分为环境因素、行业因素、组织因素、特定问题因素以及与决策者相关的因素，但一般都是将供应链金融风险分为以下几类。

1. 信用风险

与传统银行信贷类似，供应链金融中的信用风险通常指供应链金融贷款中由于借款人违约、信用恶化、经营困难或道德风险等因素造成贷款无法回收或回收困难，使银行遭受损失的风险。在供应链金融中，核心企业及借款的中小企业的规模变动、发展前景、财务状况和管理水平等直接关系到借款企业是否能够按时还款。与传统商业信贷服务不同，供应链金融的主要参与方除了商业银行、融资企业、核心企业之外，通常还包含物流企业。物流企业对交易的真实性及企业间货物仓储和运输提供服务并收集信息、协助商业银行进行监管，因此物流企业的发展和信用也会对贷款风险产生一定影响。

尽管供应链金融能够帮助企业解决融资难的问题，但是在供应链模式下还是需要承受较大的风险性，特别是信用风险。信用风险往往具有以下的特性。

一是概率不集中。企业风险的概率分布一般都是正态分布。融资企业如果能够尽快偿付债务，银行就可以获得部分利润；但如果融资公司不履行协议，就会造成银行亏损。前者发生的概率非常大，后者发生的概率比较小，但后者造成的亏损却比较大。因而，银行要想研究该类型概率，则要花费很多的时间和精力。

二是具备显著的非系统性。所有彼此协作的企业都有一定的资金借贷往来，并且毫无例外地承受着巨大风险。企业内部的多个因素对其非系统性也产生各种作用，比如其日常运作、生产经营以及财务状况等。最终都会造成企业部门根据事先的协议履行其职责，从而造成银行的款项部门及时偿付。但银行借助这种方式只能有效地抵御其风险，不能完全消除该风险。

三是信息的不对称性。因专业领域不同,银行对要贷款的企业和其所要投资的项目一般不会有深入的了解,所以对其可能产生的风险更是一无所知,但是贷款企业本身对其所投资项目和其可能带来的风险非常了解,这就产生了信息的不对称性,由于信息的该种特性就产生了诸多难题。当银行进行授信之后,就不能够有效地掌握信贷款项的流向,如果融资公司故意不履行协议,将会引发信用风险及其他衍生风险。

一般来说,信用风险往往存在于规模较小、发展能力薄弱、管理水平低下的企业,这些企业面对市场变化没有较强的适应力和竞争力,容易造成借贷无法偿还的信用缺失,使得商业银行面临经济损失的风险。

信用风险的涵盖面比较广,包括融资企业的业务能力、业务量及商品来源的合法性,例如,如果企业的商品是走私而来,则商品存在被罚没的风险;企业对商品不具有完全的取得资格,则该商品存在非法性;企业将商品以次充好,则会存在商品质量风险;企业资信不佳,在以前的操作中存在种种不规范的行为,那它在今后的合作中也会有相同的行为。此外,还要考察融资企业的资产负债率,避免出现客户企业存在破产的可能。

2. 市场风险

市场风险是指商业银行提供金融服务后,而企业受市场波折影响,大大降低了企业还贷能力,使得商业银行承担较大的金融风险。市场风险是供应链金融中较难控制的风险。

市场风险从一定程度上来看,受环境影响较大。例如,供应链金融的融资规模、资金需求方和供给方的经营环境等因素,都在很大程度上受到宏观经济政策和货币政策的影响。当政府实施经济刺激政策和宽松的货币政策时,供应链金融的融资规模由于资金供给方和需求方的蓬勃发展,有望得到提升;相反,当政府实施经济平抑政策和紧缩的货币政策时,利率提高将使供应链金融的融资规模受到抑制。

另外,当行业的发展前景、交易环节、技术水平等因素发生变化,供应链金融也面临行业风险。当需求减少或成本上升等原因导致整个行业形势变差时,供应链上核心企业和中小企业都会不可避免地出现经营困难的情况,供应链金融不仅无法降低中小企业风险,反而由于商业银行信贷活动的顺周期特征,将供应链上信贷风险放大。

3. 法律风险

法律环境是金融生态中很重要的一环,它的核心功能在于如何提供对信贷人权利的最好保护。从法律的角度看,供应链金融主要涉及动产质押及应收账款担保,涉及的法律法规主要有我国《物权法》、《合同法》、《担保法》及其司法解释、《动产抵押登记办法》、《应收账款质押登记办法》等。目前,我国这些法律虽然对债权人的权利主张有较为完备的规定,但在具体实践中仍然存在问题,这说明现有法律及其执行体系还存在漏洞,因此我们仍需时刻注意法律风险。

以仓单质押业务为例,我国《担保法》明确规定,质押的权利中包括"仓单、提单"。《担保法》第八十一条规定:"权利质押除适用本节规定外,适用本章第一节的规定。"而该法第六十七条规定:"质押担保的范围包括主债权及利息、违约金、损害赔偿金、质物保管费用和实现质权的费用。质押合同另有约定,按照约定。"即仓单质押所担保的债权范围,除仓单质押合同另有约定外,应包括主债权及利息、违约金、损害赔偿金、质物保管费用和实现质权的费用。我国《最高人民法院关于适用〈中华人民共和国担保法〉若干问题的解释》第一百零一条规定,以票据、债券、存款单、仓单、提单出质的,质权人再转让或者质押的无效。仓单作为存货人或持单人提取仓储物的基本依据,是保管人收到仓储物后,应存货人的要求而出具的一种代表一定财产权利的法律文书。在发达国家,仓单是一种可流通的、可背书转让的有价证券。但在我国目前的法律环境中,关于仓单的规定还存在着明显的法律空白。虽然《合同法》从法律上确定了仓单的概念及其基本规则,但并未规定仓单的性质,即没有规定仓单的法律地位。例如:仓单内容中的绝对必要记载事项,即缺少其中的任何一项是否使仓单无效,现行法律没有明确规定;实际操作中,仓单缺乏统一的格式,不同物流企业的仓单格式差异较大,标准不统一;在提取货物时是否必须是存货人,如何分辨仓单的持有者是合法人,都没有统一的规定,各物流企业的操作标准和方法无法统一;另外,实际操作中存货人如何将若干仓单合并、分割使用,亦无明确的法律规定。这类问题在实际的司法实践中,将会产生较大的分歧,可能致使判决不利于质权人。

目前在我国，除期货市场以外，还未建立起完善、有效的仓单流通管理体制，即仓单不能转让，不利于质权人将仓单变现。所以，在我国开展仓单质押融资业务的市场和制度基础环境并未完全成熟的情况下，绝对意义上的仓单质押供应链金融业务还较为少见，仓单更多的是作为一种存货凭证，而非可流通的仓单。供应链金融业务实质为以存货质押融资为主的动产质押业务，与发展国家相比是有差距的。存货质押的风险比应收账款融资方式更大，因为某些存货贬值、过期较快，或二次出售的价值快速缩水。实际操作中，银行多接受大宗商品作为抵质押物，且要求抵质押物是变现快、易于保管、不易变质、价格变化少的大宗商品，如有色金属、钢材、建材、石油、纸品、粮油、石材、棉花、橡胶、坯布等，故仓单质押业务目前主要在这些行业开展。如果抵质押物不具有这种属性，将难以获得银行的认可。从风险控制角度看，这类商品价格稳定、预期发生变化的可能低，比其他类别的半成品、季节性商品，企业获得贷款的可能性大。为控制风险敞口，银行发放的贷款数额也会因抵质押物的性质而不同，通常国外银行的贷款价值比介于50%~80%，在我国的实践中，该比例为50%~60%。

4. 操作风险

操作风险是当前业界普遍认同的供应链金融业务中最需要防范的风险之一。供应链金融通过自偿性的交易结构设计以及对物流、信息流和资金流的有效控制，通过专业化的操作环节流程安排以及独立的第三方监管引入等方式，可以将借款人自身信用状况与信贷资金安全进行有效隔离，构筑了独立于企业信用风险的第一还款来源。但这无疑对操作环节的严密性和规范性提出了很高的要求，并造成了信用风险向操作风险的位移，因为操作制度的完善性、操作环节的严密性和操作要求的执行力度将直接关系到第一还款来源的效力，进而决定信用风险能够被有效屏蔽。

供应链金融的操作风险广泛存在，例如融资之后的抵质押物监管方面，如果监管的第三方物流企业与存储抵质押物的仓库同银行之间的信息不对称、信息失真或信息滞后，都会导致任何一方决策的失误，造成抵质押物的监管风险。目前，部分物流企业管理粗放、设备陈旧、信息化程度较低，容易造成监管脱节。另外，在异地仓库质押监管中，由于用于质押监管的仓库有可能是第三方仓库或是客户自身仓库，所以给物流企业质押监管带来了更大的风险，比如同一商品重复质押的风险、质押商品被非法挪用的风险等。

在内部操作和管理风险方面。目前我国的物流业正处在从传统物流向现代物流发展的过程中，许多物流企业的信息化程度很低，还停留在人工作业的阶段，这无形中增加了内部人员作案和操作失误的可能，形成管理和操作风险，比如某些内部工作人员与货主企业合谋，伪造仓单，允许货主企业私自提货等现象，将严重损害银行和物流企业的利益。

三、供应链金融风险的特性

与供应链风险相关，供应链金融风险是指在一定的经济环境中，上下游企业和所有其他参与方预期的物流、资金流、信息流的运行情况和实际状况不一样，最终使从事供应链金融的企业或其他组织蒙受损失的不确定性。其中，物流风险是指由于多方面的原因导致供应链中的原材料、半成品、成品等物流资源不能如预期那样进行配置和流动，使链上企业最终蒙受经济损失；资金流风险就是贷款资金和收益不能如期、保质地回笼而使从事金融服务的组织遭受损失；信息流风险就是信息在整个供应链传递过程中出现失真的情况，导致逆向选择和道德风险，最终损害供应链整体利益。

从风险的特性上看，供应链金融中的风险有以下几条特性。

（一）风险的传导性

美国经济学家克里斯多夫曾指出，市场上只有供应链而没有企业，意即现在的市场竞争不再是个别企业与企业之间的竞争，而是供应链与供应链之间的竞争。而供应链成员众多，供应链金融风险也会在供应链金融业务参与主体之间传导，供应链上的企业相互依存、相互作用，共同在供应链金融创新活动中获得相应的利益和发展，一个企业的经营状况有时会对链上其他企业产生影响。因此，一个企业的风险会向供应链上的上下游环节以及周边传导，最终给供应链金融服务方以及相应的合作方造成损失。

（二）风险的动态性

风险的动态性是指供应链金融风险会随着供应链的网络规模和程度、融资模式的创新、运营状况的交替、组织结构的变动、社会经济的变化、外部环境的变化等因素不断地变动。

供应链金融中的动态风险常常是可以回避的风险。另外，由于动态风险的不可计量性和不可保险性，其可能引起的损失是无法直接计入成本的。而且，这种风险本身还意味着可能的收益，也没有计入成本的理由。

（三）风险的高度复杂性

供应链金融风险具有高度复杂性。供应链金融的风险是产业供应链风险和金融风险的叠加，因此它除了供应链环境、网络和组织等各层面的影响因素外，金融中可能存在的因素也会使供应链金融运作产生危机，这些金融活动影响因素就是新巴塞尔协议中所界定的风险类型。2004年6月26日，巴塞尔银行监管委员会（BCBE）正式公布了《资本计量和资本标准的国际协议：修订框架》，即"巴塞尔协议Ⅱ"。该协议于2006年底开始实施，全面取代了旧的巴塞尔资本协议。与1988年协议相比，新巴塞尔协议做了很多改进，其中最突出的一点就是首次独立提出了操作风险的概念，并对操作风险提出了明确的资本要求，操作风险与信用风险、市场风险一起，共同构成银行风险资本的计量和监管框架。

"巴塞尔协议Ⅱ"给操作风险下的定义是：操作风险是指由于不充分的或失败的内部程序、人员和系统，或者由于外部事件所引起损失的风险。作为进一步阐述，巴塞尔银行监管委员会从八个业务类别（公司金融、销售和推销、零售银行业务、商业银行业务、结算和支付、代理和保管、资产管理、零售经纪）把操作风险损失划分为七种类型：内部欺诈，即内部人员骗取、盗用财产或违反监管规章、法律和银行制度的行为；外部欺诈，即外部人员故意骗取、盗用财产或逃避法律责任的行为；雇员活动和工作场所安全，即违反就业、健康或安全方面的法律或协议所引起的赔偿要求；客户、产品和业务活动，即因疏忽未对特定客户履行分内义务，或者产品性质、设计缺陷导致的损失；实物资产的损坏，即由于自然灾害或其他事件导致实物的损坏或丢失；业务中断和系统错误，即业务中断或系统失败造成的损失；行政、交付和过程管理，即交易失败、过程管理出错及与合作伙伴合作失败。

第二节　供应链金融资金来源分析

供应链金融作为一种基于各产业链条上全新的金融服务创新模式，其本质仍然属于金融。供应链金融同时具有金融和产业两大属性。在现阶段，供应链金融业务被定位于传统产业转型升级的标杆方向，并以智慧和创新金融的思维谋求业务推进。

风险控制和资金来源是供应链金融的两大核心问题。

风险控制是金融服务的本质，风险控制能力是实现业务增长、资本回报和风险暴露之间的平衡，追求运营的高效率和资源的优化配置，追求自身利益和价值最大化的保障。对于切入供应链金融的各类型业务主体来说，开展供应链金融服务的关键之处在于其是否能够识别融资项目的风险并对相关风险进行准确定价。因此，能否通过各种渠道收集和整合足够的供应链交易信息、识别真实交易、管控融资风险是实现供应链融资的首要前提。

资金来源是供应链金融融资服务的基础。在精准区别供应链融资风险的前提下，资金来源是各方参与主体需要面对的另外一大核心的问题。资金来源渠道是否丰富、融资业务中投入资金量的大小、自有及外部获取资金成本的高低等都在很大程度上决定了供应链金融参与方的业务量和盈利的空间。

在供应链金融发展初期，参与主体主要为商业银行。然而由于商业银行在风险控制机制和融资门槛方面较为严苛和标准化，难以覆盖海量的中小微企业的个性化和差异化的融资需求。在区块链浪潮的推动及传统产业转型的大背景下，掌握了大量的客户资源和上下游企业真实交易信息的产业核心企业、电商交易平台和物流企业等各参与方纷纷利用自身优势切入供应链金融服务领域，搭建综合性服务平台。目前，宝象金融研究院从供应链金融业务参与方的相关模式和案例中看到，开展供应链金融业务的资金来源渠道主要包括商业银行、融资租赁公司、小贷公司、商业保理等，可以说供应链金融借助互联网实现资金来源多元化。在此主要以商业银行、融资租赁公司、小贷公司为例做相关介绍和分析。

一、商业银行

目前，我国的供应链金融的主要资金来源渠道为商业银行资金。商业银行本身就是切入供应链金融领域最早且业务量最大的一个参与主体，其他包括产业链内核心企业、物流型核心企业、电商平台型核心企业等纷纷通过对接商业银行的资金来切入供应链金融领域。

由于产业链上的核心大企业拥有资产多、经营稳健、财务透明、信用度高等诸多优势，使核心企业从银行获得贷款较为容易，同时贷款成本较非银行机构融资成本要低。各类型核心企业由于掌握了产业链上的上下游中小企业大量的真实交易信息数据，并依托自身对产业链上的中小企业的业务往来所形成的风控优势，针对中小企业进行供应链资金融通服务。

通过对接商业银行资金切入供应链金融领域的劣势在于，商业银行每年的贷款额度都是有限的，且产业链上的核心企业的信用优势也不是可以无限延伸的。换句话说，出于风险的考虑，商业银行给予核心企业的授信额度也是有限的，因此，核心企业通过对接商业银行资金开展供应链金融业务的发展空间也是有限的。

二、融资租赁公司

可以看到，融资租赁企业可以分别介入融通仓和保兑仓融资模式提供融资服务。直接租赁和售后回租作为供应链金融的重要对接模式，正在成为供应链金融的重要资金渠道。直接租赁对于产业链上的中小企业而言，实质上是以分期付款的形式购进标的物，对于融资租赁公司而言，其本质是一种定向贷款；而售后回租则类似于抵押贷款。因此，融资租赁可以有效地盘活企业资产，缓解企业流动资金压力。

融资租赁这一资金渠道的特点在于其经营杠杆较高，目前内资租赁和外资租赁公司都有10倍杠杆上限的规定，金融租赁公司杠杆上限可以达到12.5倍。另外还可以看到，外资租赁、金融租赁的资金成本较低。以外资租赁公司为例，外资租赁公司的特点在于，根据规定可以在租赁公司风险资产与净资产之比小于10倍的空间内，在境外获得低成本债务融资，并可以用于境内的外资租赁公司开展业务，从而扩大利差水平。

融资租赁这一资金渠道的劣势在于牌照的申请，目前，监管部门对其市场准入的要求比较高，内资租赁、金融租赁牌照门槛比较高，申请比较难。

三、小贷公司

当供应链金融参与主体自身处于融资项目的风险评估能力以及数据对接能力无法被外部如商业银行等资金供给方认可的阶段，且由于各细分化供应链上的中小企业的融资需求具有小额度、多频次及差异化等特点，因而对于商业银行等传统放贷流程是一个挑战，从而导致其只能以自有资金向供应链上有融资需求的中小企业提供融资服务。目前，利用自有资金成立小贷公司来对产业链上下游的中小企业提供融资服务是业内比较常见的做法。

利用小贷公司来对供应链上下游的中小企业提供融资服务的特点在于，贷款利率比较高，规定上限为贷款基准利率的4倍，年化利率约为15%。小贷公司放贷的业务流程较快且贷款期限灵活。

此种模式的劣势在于，利用自有资金成立小贷公司对企业自身的资金要求较高，杠杆率较低，目前政策规定，转贷比例不超过小贷公司资本金的一半。因此，有限的自有资金限制了参与主体的供应链融资业务开展的体量，未来随着融资业务规模的不断扩大，企业必须要从外部渠道获取资金以满足业务的发展需求。

第三节　供应链金融的风险来源分析

由前文可知，由于供应链金融拥有产业供应链和金融两大属性，所以供应链金融具有来自产业和金融领域的双重风险，而且供应链金融参与主体众多、涉及的产业链条比较长、业务操作流程复杂，因此供应链金融具有传导性、动态性和高度复杂性的特性。

下面主要从外部和内部两个角度来分析供应链金融风险的来源（见图6-1）。

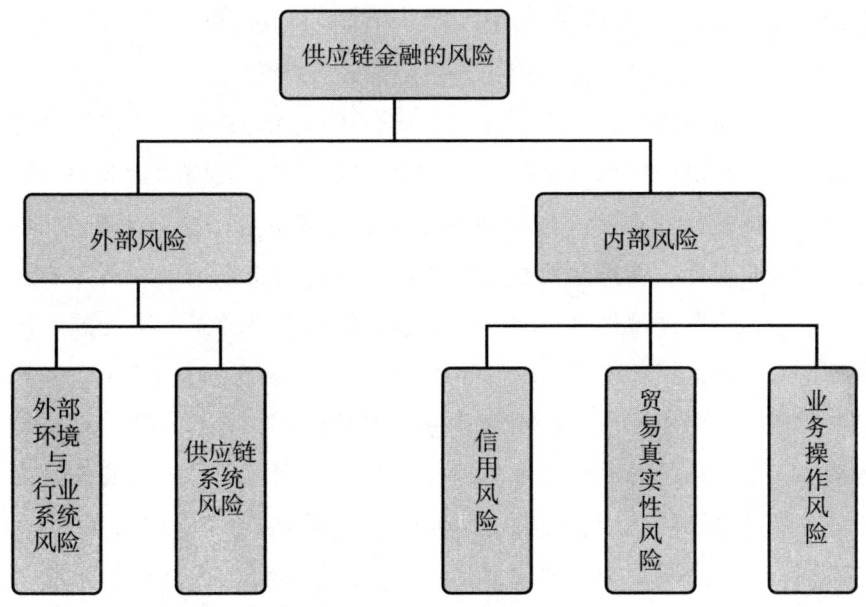

图 6-1 供应链金融风险的来源

一、外部风险

（一）外部环境与行业系统风险

外部环境主要由供应链金融各主体活动所依赖的经济环境、法律制度以及技术环境等构成，对于供应链金融服务的开展起到指导、保障以及约束作用。按照风险范围大小，可以细分为外部环境风险、区域风险和行业系统风险。

首先，在供应链金融活动中，宏观层面的金融制度、经济周期、产业政策，甚至自然环境、文化环境等外部环境的变化，都有可能通过影响供应链活动改变企业的融资情境和要素。也就是说，宏观经济、政治法律环境的不确定性可能导致供应链运营中断，从而难以实现可循环的供应链运营。特别是在立足全球供应链基础上开展的金融活动，特别容易产生这一问题。这是因为"没有完美无缺的市场，在一个全球化组织和各国法规并存的世界中，总是会出现贸易摩擦，平坦的世界中会出现各种障碍"。因此，有效地防范可能存在的各种外部环境与行业系统风险，对于规避供应链金融风险至关重要。

其次，供应链金融一定是依托于一定的行业供应链而开展的金融创新活动，因此，供应链服务的行业和区域特征必然对供应链能否稳定持续运行产生作用。具体来讲，供应链金融只能在持续或者稳定发展的行业中实施，对于限制性较强的行业或者夕阳型行业，实施供应链金融会具有较大的风险，这是因为行业走低或者低迷会直接使供应链运营遭受损失，进而影响到金融安全。同理，一些区域性的因素，如地区的经济发展前景、市场透明度、政府服务水平以及区域环境的稳定性等都会对供应链金融的安全性产生挑战。

在供应链金融业务中，有很多业务是涉及国际贸易的，在国际贸易融资实务中，无论是单一的进出口业务还是背对背信用证交易，除非是使用本地货币或主要信用证均使用同种货币，否则都将面临汇率变动的风险。

其实，除了自然灾害、战争等不可抗拒的因素外，大部分与产业相关的外部环境风险实际上是可以被感知并且应对的。例如，经济的周期性波动是应该被重点关注的外生不确定性，当经济下行或者衰退时，市场需求开始出现萎缩，当这种态势严重到一定程度的时候，实力较弱的企业甚至会破产倒闭，进而达不到应有的投资回报水平，这类企业多从属于建筑、工业原材料等行业。针对这类企业开展供应链金融活动务必要密切关注经济形势。另外，企业受到的最直接的宏观环境影响还包括监管和政策环境，如果行业发展受到法律和政策的限制，则会对企业的盈利产生不利影响，因此，应该避免将贷款投放到监管不健全或发展受到政策限制的行业或领域。

在我国，由于利率市场化机制尚未完全形成，银行供应链融资产品在定价上仍然采取与传统流动资金贷款方式一样的固定利率方式，一旦利率发生变化和调整，银行不能及时对贷款利率进行调整，只能等到基准利率变化的下一年度之初进行调整，在这期间则要承担利率变化带来的风险。

在供应链金融业务中价格风险体现最明显的是作为质押物的存货的价格波动给商业银行带来的风险，这种风险在存货类融资模式下体现得尤为明显。在市场经济中，商品价格波动是正常现象，即使是石油等大宗商品，在某一特定时间内发生波动的可能也是较大的，故供应链金融业务还存在着较大的价格风险。

(二) 供应链系统风险

供应链系统风险主要是指供应链系统中，各个参与主体在供应链系统的交易互动过程中所产生和传递变化的风险。这种风险的成因可能包括以下几个方面：在分工细化的趋势下，企业非核心功能外包，供应链系统中各企业之间的分工合作广度和深度都有所加强，使生产、分销、物流过程中的所有权界限变得模糊；供应链中企业的过度反应、不信任和扭曲等复杂行为，造成混乱效应；供应链结构惯性和反应迟钝，所带来的冲击。

在供应链金融中，核心企业及其直接上下游企业共同构成了供应链系统的最小单元，从核心系统向外扩散还包含了支持性机构，如第三方服务提供商以及金融机构、政府等主体。供应链系统中的各个成员之间相互依存，在风险方面也相互联结。

供应链系统运行的状态会影响供应链中中小企业即融资企业的信用评估。如果供应链的运营状况良好，则交易中出现的不确定概率小，可以减轻链内企业的综合信用风险；反之，则会使链内信用风险加剧，使融资的代价变大，融资量减少，融资周期缩短。

此外，如果供应链系统内容治理机制不清晰，由不确定性以及网络的扩散机制造成的采购风险、分销风险和需求风险就越大，同时核心企业作为融资组织者也会承担巨大的管理成本和控制成本，从而只能通过提高对中小企业的融资利率、缩短融资周期以及减少融资额度来弥补损失。

二、内部风险

供应链金融的内部风险也是融资主体的风险，包括了主体的财务性资质、主体的资源和能力、在行业中的位置和影响力、主体的历史信用情况、主体的盈利情况和业务运营状况等客观因素方面，也包括了与参与主体的有限理性，潜在的机会主义行为相关的道德风险。供应链金融的内部风险主要体现为以下几种风险。

(一) 信用风险

1. 核心物流企业的信用风险

在供应链金融中，核心物流企业掌握了供应链的核心价值，担当了整合供应链物流、信息流和资金流的关键角色，在供应链中大都处于主导的地位。商业银行正是基于核心企业的综合实力、信用增级及其对供应链的整体管理程度，而对上下游中小企业开展授信业务。因此，核心企业经营状况和发展前景决定了上下游企业的生存状况和交易质量。一旦核心企业信用出现问题，必然会随着供应链条扩散到上下游企业，影响到供应链金融的整体安全。核心物流企业的信用风险会使得其由风险的控制者转变为系统风险的"源泉"。核心物流企业通常是行业龙头，资金雄厚，实力和规模较大，它通过为上下游中小企业提供担保等方式，使得中小企业的资信状况得以提高，从而获得银行贷款。由于核心物流企业是供应链中物流和资金流的枢纽，银行在贷前及贷后环节往往通过是核心物流企业来获取综合信息和供应链成员的交互信息，如交易规模、交易条件、结算方式以及信用记录等，从而间接掌握供应链成员企业的经营状况、资信状况等关键性信贷决策依据指标。同时，由于核心物流企业是供应链上下游中小企业开展生产活动和贸易活动的依托，因此，其信用水平直接决定了应收账款的可回收性及存货价值变现能力。然而，元亨智库战略研究院研究员胡思雨认为，如果核心企业急功近利，仅仅注重一时的效益，利用其优势地位，在与上下游的中小企业的业务谈判中选择尽量有利于自己的方式，例如压低价格、缩短交货期、延长付款时限、提前预付款时间等，仍将导致中小企业资金紧张；即便中小企业通过融资令资金紧张情况得以缓解，核心企业仍可能会变本加厉进一步挤占其资金。当中小企业的债务负担不断积累达到较难承受的边缘，将造成整个供应链链条的不稳定，带来了风险。

2. 融资企业的信用风险

融资企业（供应链上下游的中小企业）是供应链金融的主要服务对象。虽然供应链金融通过引用多重信用支持技术降低了银企之间的信息不对称和信贷风险，通过设计机理弱化了上下游中小企业自身的信用风险，但作为直接承贷主体的中小企业，仍然存在违约风险高、信用风险大等问题，其原因在于：首先，中小企业规模较小、实力较为薄弱，能够抵押的优良资产较少，一般很有实力雄厚、资信状况好的企业愿意为其提供担保；其次，中小企业一般缺少核心技术，产品技术含量不足，盈利能力较差；最后，中小企业一般财务管理水平不高，信息披露的真实性和完整性不够，监管难度和成本高。与此同时，在供应链背景下，中小企业的信用风险已发生根本改变，其不仅受自身风险因素的影响，而且还受供应链整体运营绩效、上下游企业合作状况、业务交易情况等各种因素的综合影响，任何一种因素都有可能导致企业出现信用风险。

（二）贸易真实性风险

供应链金融服务中，商业银行等金融机构以真实的贸易活动为基础，根据核心企业和整个供应链的资信评估向融资企业提供资金，通过对交易过程中物流、资金流的控制确保资金的安全性。因此，贸易是否真实将直接影响整个供应链金融服务的风险大小。另外，自偿性是供应链金融最显著的特点，而自偿的根本依据也是贸易背后真实的交易。在供应链融资中，商业银行是以实体经济中供应链上交易方的真实交易关系为基础，利用交易过程中产生的应收账款、预付账款、存货作为抵押、质押，为供应链上下游企业提供融资服务。在融资过程中，真实交易背后的存货、应收账款、核心企业补足担保等是授信融资实现自偿的根本保证，一旦交易背景的真实性不存在，出现伪造贸易合同，或融资对应的应收账款的存在性与合法性出现问题，或质押物权属与质量有瑕疵，或买卖双方虚构交易恶意套取银行资金等情况出现，银行等金融机构在没有真实贸易背景的情况下盲目给予借款人授信，就将面临巨大的风险。

（三）业务操作风险

相对于传统的资金贷款，供应链金融的操作风险较高，原因主要在于：首先，供应链金融的参与主体较多，每个主体之间相互独立又彼此联系，银行等金融机构需要协调各个参与主体，从而保证物流、资金流以及信息流的安全与通畅。由于供应链服务范围不断扩大，规模日趋增加，信息传递错误的概率增加。其次，供应链金融服务需求多样化较强，需要根据每项业务量身定做贷款流程，不同业务的单据审核、资金货物的监控等内容均不相同，这无形中增加了操作业务的复杂性。因此，如果银行对于供应链金融运作过程中的契约设计存在问题或者不完善，不能准确管理和把握相关人员、资产和信息，将会带来较大的风险，具体包括融资企业为获得贷款而对企业的财务报表数据进行造假的风险，由于银行内部人员的工作失误乃至蓄意行为或者与融资企业的内外勾结导致的风险等。此外，具体操作过程中，如果第三方物流企业出现监管不力、与核心物流企业出现矛盾或与融资企业合谋诈骗等情况，将严重影响供应链各环节的衔接以及质押货物的安全，大大增加供应链金融的风险，严重时会直接中断融资业务的顺利开展。

第七章

供应链金融风险的管控

　　由前文可知,供应链金融存在外部风险和内部风险,这些风险的存在会影响供应链金融的融资效益和供应链金融参与各方的发展,因此,我们有必要在确认供应链金融风险的控制对象后,结合控制原则,学会识别供应链金融的各类风险,评估其大小,并控制其发展,合理构建供应链金融运行体系。

供应链风险管控过程如图 7-1 所示。

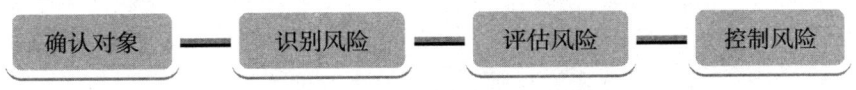

图 7-1 供应链风险管控过程

第一节 供应链金融风险管控的对象

在供应链金融中,面向供应链中小企业成员的授信,是与供应链财务特性结合最密切的业务。因为供应链中的大型企业可以获得的融资渠道比较多,融资成本相对较低,即使结合供应链制造的特点并不能显著降低其融资成本,对这些企业的授信同传统企业授信没有根本性区别。相反,对于供应链中的中小企业,结合供应链特点的授信能力不仅可以有效降低其融资的成本,还可以降低其融资难度,对供应链整体财务成本的降低起着关键作用。这也是供应链金融服务最能体现其价值的表现。

面向中小企业的融资解决方案与一般企业的授信有比较大的区别,需要结合供应链的一些特点,用供应链中的物流或资金流提供的资产支持或借助核心企业的信用捆绑来提升授信的信用等级,因此它们的风险管理与传统流动资金贷款大相径庭,这是供应链金融服务风险管理的技术关键。

供应链金融中,商业银行首先面临着信用风险,这是由供应链金融的客户群指向决定的。因为供应链金融的核心价值之一就是解决供应链中中小企业成员的融资困境,所以中小企业所固有的高风险问题不仅无法回避,还正是供应链金融的风险管理技术所着力应对的。

为了解决供应链中中小企业的融资困境,供应链金融拼接物流、资金流的控制以及面向授信自偿性的结构化操作模式设计,构筑了用于隔离中小企业信用风险向操作风险的"位移"。因为操作制度的严密性和执行力直接关系到"防火墙"的效力,进而决定了信用风险是否被有效屏蔽。

供应链金融广泛涉及资产支持和权利转让的授信技术，但国内相关领域的法律制度还存在诸多冲突和空白，由此带来了供应链金融业务发展的不确定性。

第二节　供应链金融风险的控制原则

通过上文的论述可以看出，供应链金融风险管理需要从供应链和金融两个方面强化风险意识和风险管理，这势必涉及对供应链金融风险管理原则的深刻理解，以及基于这些原则的风险评估。管理原则是组织活动的一般规律的体现，是人们在管理活动中为达到组织的基本目标而在处理人、财、物、信息等管理基本要素及其相互关系时所遵循和依据的准绳。基于供应链金融的特性，其风险管理的规律和评估依然围绕着"六化"原则展开，即已由我国学者提出的业务闭合化、交易信息化、收入自偿化、管理垂直化、风险结构化以及与供应链金融活动相对应的声誉资产化（见图7-2）。

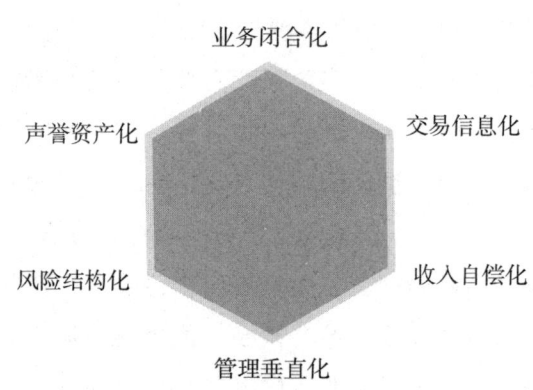

图 7-2　供应链金融风险的控制原则

一、业务闭合化

业务闭合化是指供应链运营中价值的发现、价值的生产、价值的传递和价值的实现能形成完整、循环的闭合系统（见图7-3）。业务闭合的供应链首尾相接，形成环路，可以最大化地提高效率，减少成本，这也是供应链金融运行的首要条件。一旦某一环没有实现有效整合，就有可能产生潜在的风险。

图7-3　业务闭合化示意

值得指出的是，业务闭合不仅指的是作业活动如技术、采购、生产、分销、销售等作业活动的有效衔接，而且也涵盖了价值的完整结合、循环流动，亦即各环节的经济价值能按照预先设定的程度得以实现，并有效地传递到下一个环节，产生新的价值。这一要求也就意味着在设计和运作供应链金融中，需要考虑所有可能影响业务闭合的因素。

供应链本身的业务结构是保障业务闭合的主要方面，一个稳定、有效的供应链体系需要做到主体完备到位、流程清晰合理、要素完整有效。主体完备到位指的是供应链设计、组织和运营过程中，所有的参与主体必须明确，并发挥相应的作用。供应链金融活动是基于生态网络结构的金融性活动，网络中涉及诸多的参与主体，如供应链上的成员（上下游、合作者、第三方等）、交易平台服务提供者、综合风险管理者以及流动性提供者，如果某一主体缺失，或者没有起到预期的作用，业务的闭合性就会产生问题。流程清晰合理指的是供应链以及金融活动中的各业务流程清晰，并且能够有效结合。这既包括了供应链商流、物流、信息流、资金流清晰合理，也包括了线上和线下流程清晰，并且能够高度融合，相互支撑、相互作用。要素完整有效指的是采购、销售、技术、生产、分销、信息化、人力资源管理、财务、会计等管理要素能够发挥相应的支撑和监督互联网供应链金融活动的作用。

二、交易信息化

交易信息化原本指的是能及时、有效、完整反映或获取企业内部跨职能以及企业之间跨组织产生的商流、物流、信息流、人员流等各类信息，并且通过一定的技术手段清洗、整合、挖掘数据，以便更好地掌握供应链运营的状态，使金融风险得以控制。在供应链金融阶段，特别是在区块链架构下的供应链金融中，交易信息化的含义进一步得到扩展，为了实现金融风险可控的目标，不仅能够获取和分析供应链运营中直接产生的各类信息和数据，而且能实现信息全生命周期的管理，实现有效的信息治理。

信息治理是一个全新的概念，它与IT治理有一定关联，但又有很大的区别。IT治理是公司治理的一部分，它是"一种领导、组织IT结构和流程，以保证组织的IT系统能维持和扩展企业的战略和目标"。由此可见，IT治理只是企业战略和IT整合的工具，而不是为实现供应链价值信息产生、运用、处理和交换的方式。此外，IT治理过于强调通过对系统的控制来实现IT与战略的结合，忽略了信息化运用产生的创新性行为，或者价值重新创造的过程。2004年，Donaldson和Walker创造性地提出了信息治理的概念。信息治理涉及建立环境和机会、规则和决策权，以评价、创建、收集、分析、传递、存储、运用和控制信息，解答"我们需要什么信息、如何运用这些信息、准负责"等问题。显然，信息治理行为包括交易管理、规则确立、信息安全、数据流管理以及信息的全生命周期管理等。

有效的信息治理，需要解决好四个问题。

第一，如何建立起有效的信息源和信息结构。也就是说，在价值链建设的过程中，要考虑为了实现整个价值链的效率，并且为利益各方产生协同价值,需要什么样的信息,这些信息与大家共同追寻的目标是什么关系,这类信息从何而来,运用什么手段可以获得。这些问题的解答,需要处理好信息源、接收地以及信息管理三者之间的均衡关系,这样一组一组的三角关系构成了信息治理最基本的单元。例如,当金融机构向中小微企业提供融资服务时,需要掌握客户企业真实的物流信息。这一目标的实现就涉及了信息源、接收地和信息管理的三角关系。信息源可能是多种多样的,如借助于物联网形成的货物流动信息,海关形成的通关信息,商检发出的产品数量、质检信息等。而作为接收方需要的是关于货物价值的完整性、保全性的信息。这就需要从事信息管理或规制的组织将零散的、不同渠道产生的信息进行整合、挖掘并生成、传递给接收方。这种三角关系一旦失衡,就容易产生各种各样的信息盲区和障碍,使得供应链运行发生中断。

第二,如何保障信息的可靠、安全和运用。信息可靠指的是信息可信,可以据此采取相应行动。如果供应链服务集成商根据客户企业的财务报表决定是否提供某项服务时,一定要能确认这份报表是真实可靠的,信息一旦失真必然导致灾难性结果。信息安全则是信息在生成、传递和使用过程中能被应该接收的主体获取,而不发生信息的泄露或外溢,或者违反法律和隐私规定。信息运用是指获取的信息能用来应对挑战、了解状况、解决问题、作出决策。而信息的上述三个特征的实现,很明显地就需要在IT建设、信息形态、业务等级和流程规范管理上下功夫。

第三,如何实现信息的持续与全生命周期管理,亦即信息能否持续地产生、推进和应用,并且能有更多的利益相关方参与到信息生成、分享的过程中。要实现这一目标,需要信息规制方处理好两个关系:一是所有网络合作成员通过分享、学习和沟通所建构的信息域,即合作各方共同努力提升信息的质量、信息的处理和信息的应用;二是网络合作成员参与方与外部管理方之间的信息互惠和管理改进。任何业务信息都难免受到经济、政策和制度的影响,因此,要真正实现信息的可持续,就需要与制度管理方形成信息互动。

第四,如何实现信息获取、处理的代价或成本可控。信息的获取是有成本的,诺贝尔经济学奖获得者斯蒂格勒指出,信息的获取程度由边际收益和边际成本的均衡决定。在互联网供应链金融阶段,如何通过更为有效的供应链参与主体的网络建构降低信息获取成本,已成为今天信息治理的核心问题,或者说今天的网络建构是由信息化驱动的。阿里巴巴—达通与国外机构合作以实现有效的海外客户征信就是这种行为的佐证。因此,价值链参与主体不仅通过网络管理信息,而且也根据信息的要求,推动网络的再创新。

基于以上原理,要实现交易信息化,在风险评估时需要考虑的要素有如下三点。

第一,确保供应链业务的真实性,即所有在供应链中发生的业务是真实、可靠的,并且产生的价值是持续、稳定的。要做到前一点,就需要通过对交易凭证、单据和供应链运营状态的查验,来确保交易的真实,例如供应链上的参与者采购、生产或者销售订单是否可查,企业的开工率能否保证在一定的状态下等。而要做好后一点,就需要核实所有与运营活动相关的价值水平是否与预期保持一致,有没有出现异常波动,例如出货量或出货价值突然下降等现象。除了上述评估方法外,还可以运用大数据辅助判断供应链业务是否真实可靠。例如,供应链参与企业一般纳税人取得资格的时间、纳税等级与缴税情况、结汇状态、常年用电用水的程度等,通过对这些数据进行分析,能够间接地了解生产经营的真实程度。

第二,确保供应链物流能力和质量,即在从事供应链物流服务过程中,物流作业的质量、数量、时间、地点、价格、方向等明确、清晰。例如,物流运营的能力、库存周转率、物流网络等能否完全符合供应链交易或者相应主体的要求,此外单货相符也是需要关注的重要信息。

第三,确保供应链中资金财务风险清晰可控。交易信息化管理一个很重要的方面是能清晰地了解供应链中资金流和财务的状态,否则该信息的缺失就会直接导致供应链金融风险。要做到这一点就需要通过各种渠道把握以下三个方面的信息。

一是现金流和利率状态。现金流是企业在一定会计期间按照现金收付实现制,通过一定经济活动(包括经营活动、投资活动、筹资活动和非经常性项目)而产生的现金流入、现金流出及其总量情况的总称。一个企业的现金流(包括经营活动产生的现金流、投资活动产生的现金流以及筹资活动产生的现金流)能反映一个企业在供应链中的经营活动和经营质量,因此,掌握、了解和评估供应链参与企业的现金流异常重要。例如，如果企业在经营中反复出现应收和应付同步、同额产生，则可能存在着为了现金流而虚构贸易行为。与现金流相关的另一个重要的信息是特定企业所能承受的利率。Gomm 提出供应链金融非常重要的三个绩效指标是融资周期、融资量和融资利率，三个因素之间相互作用，共同决定了供应链金融风险。如果企业在供应链金融活动中提出可以承受较高的利率要求，则可能存在严重的现金流问题。

二是企业自身的财务管理和内控体系。企业财务内控制度是为企业的经营目标服务的，其目的在于保证业务活动按照适当的授权进行；保证所有交易事项以正确的金额，在恰当的会计期间及时记录于适当的账户，使财务会计报告的编制符合有关财务会计制度和会计准则的要求；保证对资产和记录的接触、处理均经过适当的授权；保证账面资产和实存资产定期核对相符；保证财务会计监督的及时性和准确性。要实现上述目标就需要：明确管理职责、纵向与横向的监督关系；职责分工、权利分割、相互制约；交易授权，建立恰当的审批手续；设计并使用适当的凭证和记录；资产接触与记录使用的授权；资产和记录的保管制度；独立稽核，例行的复核与自动的查对；制定和执行恰当的会计方法和程序；工作轮换；独立检查，包括外部和内部审计等。

三是借贷状况。融资借贷活动也是交易信息化需要关注的重要方面，这包括信用、借贷的目的、使用的状况等因素。

三、收入自偿化

收入自偿化是指供应链金融中所有可能的费用、风险等能够以确定的供应链收益或者未来收益覆盖，否则一旦丧失了自偿原则，就很容易出现较大的金融风险。而决定自偿原则的因素就包括了供应链运营中相应的货物、要素的变现能力。需要指出的是，在供应链金融运营网络化的条件下，对收入自偿产生影响的可能因素，不仅仅是静态地考察货物、要素的变现，还要动态地分析影响变现和收益的时空要素（包括时间要素和空间要素）。

时间要素是指互联网供应链金融活动中融资借贷的长短时间匹配问题。如同 Gomm 分析的那样，融资周期也是产生风险的因素，周期时间越长，可能的风险就会越大。具体而言，在供应链融资过程中，长借长还（即借贷时间长，还款时间长），甚至长借短还（即借贷时间长，分阶段偿还）都有可能对收入自偿产生挑战。如果借贷时间较长，就有可能因为外部环境或者其他各种因素，产生行业或业务的波动，对产品或业务的变现能力和程度产生消极影响。尤其是在我国信用体系尚不完善、中小企业不稳定不规范的环境下，短借短还是收入自偿化应当遵循的准则。

空间因素是指产生供应链收益的来源地。不同的国家、地区因为政治、经济等因素的作用，会有不同程度的风险，这种风险必然会影响到交易主体的信用和行为，以及交易产品价值的变动和交易的安全，这些都是收入自偿化原则需要关注的要素。

具体来讲，在收入自偿化的评估过程中，需要从静态和动态的视角分析如下因素。

第一，供应链产品业务的价格风险，即要根据不同的产品业务的特点和趋势，考察价格波动的稳定程度。

第二，产品业务的价值风险。价格风险是由于市场供需变化产生的风险，而价值风险是产品业务内在的风险形态，包括变现能力（即产品货物的可流动水平，或者说可市场化程度）、标准化水平（即产品或业务的标准化程度，产品业务的标准化程度越高，就越容易实现流通和交易，否则容易产生资产专用性）、易损易腐程度（即产品货物物理属性的稳定性），以及产品业务配套服务程度（如产品业务的可存储性、保管条件等）。

第三，产品业务的销售风险。供应链销售端的风险会直接影响到收入自偿性，这些需要考虑的因素有销售渠道的稳定性（渠道资源的类型、数量和稳定性）、销售客户的稳定性（销售客户的类型、规模大小、潜力和稳定程度）、销售范围（产品销售的覆盖面）、市场容量（产品业务市场可接纳的规模和趋势）以及销售账期的合理性（应收应付的状况以及与行业平均水平的对比）等。

四、管理垂直化

管理垂直化意味着为了遵循责任明确、流程可控等目标，而对供应链活动实施有效的专业化管理，并且相互制衡，互不重复或重叠。为了实现这一原则，需要在管理体系上做到"四个分离"，即业务审批与业务操作相互制约、彼此分离，交易运作和物流监管分离，开发（金融业务的开拓）、操作（金融业务的实施）、巡查（金融贸易活动的监管）分离，经营单位与企业总部审议分离。

从供应链金融在我国的发展来看，除了上述四个管理垂直化准则，还有两个问题值得关注。

第一，组织结构和职能的完备和清晰。供应链金融的有效运行有赖于企业内部甚至企业之间合理的结构以及职能对接。确切地讲，从事供应链金融的组织，需要在职能设计上综合考虑产品设计（即根据供应链状况设计相应的金融服务产品）、供应链运营（即供应链经营活动的协调、组织和实施）、营销（即供应链服务和金融的推广，以及客户关系管理）、风控（即风险评估、监控、管理）和信息化（即供应链服务以及供应链金融信息化、大数据平台的建立、信息整合分析、统计）等各个部门的责任，以及相互之间的制衡和协作关系。一旦某个职责弱化，就会产生巨大的风险。

第二，战略和管理的稳定与协调。如今很多供应链金融中出现的风险问题，往往来自战略和管理的不一致、不协调，或者说由于战略扩张、目标畸形化导致管理制度和流程的断裂。一般在开展供应链金融的初期阶段，为了形成自身的品牌效应，形成良好的合作机制，特别是为了获得金融机构的信任和支持，供应链金融服务提供者往往会聚焦其熟知的业务领域，对合作企业的资格审核会比较严格，风险控制也相对完善，金融业务与产业活动的结合也会较为紧密。然而一旦获得初步成功，在行业或市场中建立起了声誉和地位，大量资金进入或者投资者参与，为了扩大规模、占领市场，就会出现战略膨胀的状况，要么盲目扩大经营领域，进入到之前不熟悉的行业领域，自认为其管理体系和业务逻辑能适应所有的产品市场；要么盲目扩大客户资源，放松资格审查与准入条件，让一些不太符合供应链融资要求的客户都进入到供应链体系中。甚至有的组织在取得初步成功后，改变了供应链金融服务的初衷，逐步放弃了立足产业、服务供应链企业的原则，向资本运作靠拢，试图变成一个纯粹的金融公司。所有这些状况，都会导致管理体系和管理流程的缺失，最终出现巨大的供应链金融风险。

基于以上认识可以看出，要做到管理垂直化，需要管理和评估几个方面的要素：一是对产业或行业的认识是否到位，战略是否清晰，即在开展相应的供应链金融服务时，能否真正了解和研究产业群、产业以及特定企业的状况，深刻理解产业供应链运营的基本逻辑，供应链各个参与主体在网络中发挥的作用以及存在的挑战。二是服务于特定的供应链金融战略，其相应的管理资源、体系是否匹配。例如，使用了哪些方式、哪些途径管理相关利益方，各方相互协调沟通的渠道、利益分配机制和惩罚机制是什么。三是公司的管理机构是否完整，责任义务是否明确，各个部门或机构之间的流程是否清晰。四是在组织管理互联网供应链金融活动中，"四个分离"是否实现。

五、风险结构化

风险结构化指的是在开展供应链金融业务的过程中，能合理地设计业务结构，并且采用各种有效手段或组合化解可能存在的风险和不确定性。在理解风险结构化的过程中，同样有两点需要考虑。

第一，针对不同的风险来源，因应和降低风险的手段和途径是具有差异性的。如同前面所言，互联网供应链金融是供应链风险和金融风险的双重叠加，具有高度的复杂性，因此，在结构化分散风险的过程中，必然需要多种不同形态的手段和要素。总体上讲，供应链金融中可能存在的风险类型包括合规风险、模式风险、流程风险和操作风险。根据巴塞尔银行监管委员会发布的《合规与银行内部合规部门》，合规风险指的是金融机构因未能遵循法律法规、监管要求、规则、自律性组织制定的有关准则，以及适用于自身业务活动的行为准则，而可能遭受法律制裁或监管处罚、重大财务损失或声誉损失的风险；模式风险，即因为商业模式、业务模式或经营方式的缺陷或失误导致的损失；流程风险，即供应链金融组织程序失当产生的问题；操作风险，即实施过程中因为各种行为失误导致的风险。显然，针对不同状态的风险类型，就需要采用多种手段加以弥补，并且还需要考虑这些手段的组合效应。

第二，尽管存在着各种化解、分散风险的手段，但是应当看到不同手段和要素的重要程度和风险分散能力不尽一致，也就是说风险手段存在着优先级。例如，在特定的供应链金融业务中，保险可以作为分散风险的手段之一，但是往往不能成为化解风险的最后或唯一方式。甚至作为担保方的主体也存在着优先顺序，这是因为不同主体的信用状况具有较大的差异性，自身的经营历史、文化、对法规和契约精神的理解都会影响到对风险的应对方式。

因此，风险结构化的评估需要考虑的要素有：第一，合规风险评价，包括法律风险（供应链业务或产品的产权问题、合约法律问题）、规则和政策风险（相关政策和规则条款）和执行状态（法律、法规和政策在执行方面的保障措施和记录等）；第二，模式风险评价，包括商业模式评估（商业模式的合理性）、抵质押方式（业务选择的抵质押方式是否合理）、监管方式（监管方的控制方式和控制强度是否合理）、财务评估报告（业务的财务评估报告是否合理）；第三，流程风险评价，包括流程标准化程度（业务流程标准化状态和程度）和流程信息化程度（业务流程信息化、可视化程度）；第四，操作风险评价，包括金融操作风险（各种金融活动中所要求的能力、经验等）和供应链业务操作风险；第五，风险措施结构化和组合化评价，包括各种相应的风险手段是否有效、具有针对性，各个风险控制手段的重要程度以及优先级是否明确，各个参与主体的信用差异是否加以区分等。

六、声誉资产化

声誉资产也称为声誉资本。声誉长期以来一直被认为是一种稀有的、有价值的、可持续以及难以模仿的无形资产，因而是实现战略性竞争优势的有用工具。Fombrun 和 Shanley 认为，声誉是公众对企业在本行业所处的相对位置的认知，其中，公众主要利用能够显示企业战略性姿态的市场和会计信号，以及企业遵循社会规范的制度信号。Saxton 认为，声誉是随着时间的流逝，通过企业利益相关者的眼睛看见或通过他们的想法和语言表达的对组织的印象。Spence 提出，声誉是企业把它们的主要特征传递给其成员，以使其社会地位最大化的结果。Weigelt 和 Camerer 认为，声誉是一个企业与其过去行为有关的一系列特征的集合。综合以上对声誉的界定可以看出，企业声誉是随着时间的流逝，利益相关者根据自己的直接经验、有关企业的行为及其主要竞争对手的相关信息对企业给出的全面评价。

在变化迅速的市场中，产品和价格不再是竞争中唯一的决定性因素，而一个企业的能力、价值以及在利益相关者眼中的形象或取得的信任等成为重要的竞争要素。在供应链金融创新中，声誉代表了企业在从事或参与供应链及其金融活动时的能力、责任和担当。这一状态是促进金融活动稳定、持续发展，防范风险的重要保障。声誉的丧失意味着企业或组织具有较高的道德风险，可能会因为恶意的行为破坏供应链金融所必须要求的生态环境和秩序，从而产生巨大危害。

为了实现上述目标，在声誉资产化评估中要更加全面、系统、客观地反映对融资企业的综合声誉和信用，包括对企业基本素质、偿债能力、营运能力、盈利能力、创新能力、成长潜力、信用记录等影响因素的综合考察评价（见图7-4）。

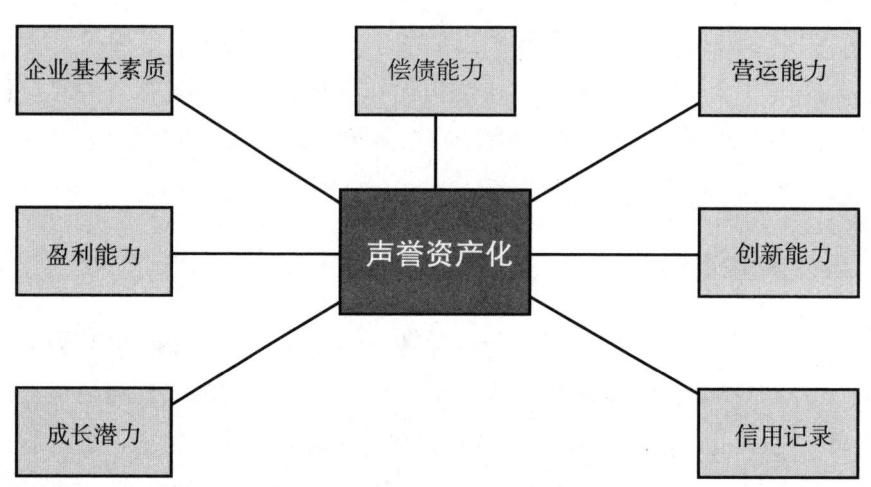

图7-4 声誉资产化的综合考察评价

第一是企业基本素质。企业基本素质是影响企业信用状况的内部条件，较高的企业素质可以保证企业具有较好的法律合规意识，以及良好的契约精神，保障企业正常、合理、持续地发展，获得合法的经济效益。对中小企业来讲，企业的基本素质主要体现在企业规模、领导者素质、职工队伍素质和管理水平等方面。

第二是偿债能力。企业偿债能力是企业信用状况的最主要表现，也是企业信用评价的重要指标。企业偿债能力既反映企业经营风险的高低，又反映企业利用负债从事经营活动能力的强弱，反映企业偿债能力的指标主要有资产负债率、流动比率、速动比率、现金比率、逾期债务比率、利息保障倍数等。

第三是营运能力。营运能力是指通过企业生产经营资金周转速度等有关指标所反映出来的资金利用的效率，它表明企业管理人员经营管理、运用资金的能力。企业生产经营资金周转的速度越快，表明企业资金利用效果越好、效率越高、企业管理人员的经营能力越强。营运能力的大小对盈利的持续增长与偿债能力的不断提高，产生决定性影响。反映企业营运能力的指标主要有存货周转率、应收账款周转率、流动资产周转率、固定资产周转率和总资产周转率。

第四是盈利能力。企业的盈利能力是企业信用的基础，企业只有盈利，才有可能按期偿还债务。盈利能力是指企业在经营过程中获取利益的能力，是企业管理水平和经营业绩的集中体现。盈利能力是企业赖以生存的基础，衡量企业盈利能力的指标很多，主要有销售净利率、销售毛利率、资产报酬率和净资产收益率等。

第五是创新能力。企业的技术创新能力对于形成竞争优势具有举足轻重的作用，对于科技型的中小企业尤为重要。评价企业创新能力的指标主要有新产品销售收入比重、技术人员比重、新技术装备率、研发投入力度等。

第六是成长潜力。成长潜力是推动企业不断前进，改善资信状况的作用力，只有成长潜力大的企业才能保证盈利的持续性，其信用状况才会好。反映企业成长潜力的指标包括三方面：一是企业所在行业的发展前景，以及企业能否真正从事符合产业发展趋势的供应链运营；二是企业能否获得关键利益相关方的支持，特别是国家政策支持；三是企业自身的成长能力。评价企业自身的成长潜力的指标主要有净利润增长率、销售收入增长率、资本积累率、企业发展规划等。

第七是信用记录。信用记录是企业以往借贷和履约状况，它不仅反映企业的偿债能力，同时也客观地反映企业的偿债意愿。我国的信用基础非常薄弱，对中小企业进行信用评价，必须注重企业的借贷渠道、借贷状况以及偿债意愿分析。值得指出的是，在对企业声誉进行评估的过程中，企业主个体的生活行为和要素也是需要关注的重要方面，这是因为中小企业主的个体行为往往对整个企业的运营产生直接影响，也决定了供应链金融中的潜在风险。这些与个体特征相关的评价因素包括个体的教育程度、社会地位、职业、借贷状态（信用偿还历史、信用账户数、使用信用的年限、正在使用的信用类型、新开立的信用账户）、家庭状况、资产状态、法律诉讼、税务状况等。

从目前我国供应链金融活动实践看，有四种恶意的融资行为非常典型，即"三套行为"、重复或虚假仓单、自保自融以及"一女多嫁"。

"三套行为"指的是为了获得金融收益而实施的套利、套汇和套税行为。其中，套利、套汇是利用利率或汇率的波动，通过虚构贸易、物流博取利差和汇差的行为，除此之外还可以获取其他非法收益（诸如通过将业务量做大套取银行授信、做小贷买理财，或者骗取出口退税等）。套税则是利用货票分离博取相应的税收利益，具体来讲就是将销往一些终端客户（往往这些终端客户不需要销售发票）而节省下来的税票卖给一些公司或填补销售的税票，一方面，售票的企业获得了套税产生的收益，而终端客户可以获得部分套税收益形成的返点；另一方面，买票企业可以填补虚假交易的缺口。此外，还有一种套税骗税的做法是在货物等级上做文章，即将B类货报为A类货，套取退税收益。

重复或虚假仓单是指借款企业与仓储企业或相关人员恶意串通，以虚假开立或者重复开立的方式，就他人货物或者同一货物开立多张仓单，以供借款企业重复质押给不同金融机构获取大量仓单质押贷款，并从中牟取暴利。

自保自融是指在从事供应链融资过程中，亲属、朋友或者紧密关联人为借款企业进行担保，或者由同一人或关联人实际控制的物流仓储进行货物质押监管，套取资金的行为。

"一女多嫁"是近年来供应链金融风险中非常突出的一种现象，即借款企业凭借自身的资产或业务从多方骗取资金，增大融资风险的行为。具体来讲就是借款企业虽然有交易或物流业务，或者一定的资产，但是由于目前不同金融机构或者供应链金融服务方之间难以做到信息共享，加之整个社会的统一信息、信用公示平台尚未完全建立，借款方运用自身的业务或资产从多方融资，放大自身的信用，套取资金。

显然，以上四种典型的恶意融资行为都是融资企业主观意识行为，属于机会主义和道德风险的范畴，因此，为了防范可能出现的这类行为，就需要加强供应链金融的风险识别、风险评估和风险控制环节。

第三节 供应链金融风险的识别

由供应链金融的类型和来源分析可知，供应链金融存在多种风险，为了更好地管控供应链金融风险，我们必须从风险识别开始。风险识别是风险管理工作的第一步，也是风险管理的基础。

一、外部环境与行业系统风险的识别

如前所述，外部环境与行业系统风险主要分为外部环境风险、区域风险和行业系统风险。

其中，外部环境风险主要包括供应链金融系统之外的法律风险、相关规则或政策的风险及配套执行方面存在的缺陷等。其中，法律风险在巴塞尔协议中属于广义操作风险的一部分。供应链金融业务的法律风险是指可能给业务造成经济损失的法律上的缺陷。法律风险识别是供应链金融业务开展的必要条件和重要一环，因为物流金融业务不仅涉及一般贷款的相关法律合约问题，还涉及存货的产权问题。在开展业务时，债权人必须明确可选择的抵质押物，且必须为《物权法》和《担保法》等法律法规允许进行质押处理的商品，同时必须对抵质押物的所有权身份进行仔细鉴别，以防止融资企业恶意欺诈。

以存货融资为例，根据我国法律法规的有关规定及相关责任，其法律风险识别主要是要确定以下几点：首先，业务所选的抵质押物不能为国家违禁物品或禁止担保的物品；其次，由《担保法》规定，所选抵质押物的产权必须明晰，应为融资企业所有；最后，所选抵质押物必须保证信贷身份的单一，

即未涉入其他担保关系之中。如果以上三个方面的任何一方面存在缺陷，都会导致供应链金融产生法律风险。而相关规则或政策的风险主要来自业务相关政策和规则条款的缺陷以及不正确的执行等。

区域风险主要是企业所在区域的经济发展、政治和法律环境等的不同所造成的。不同的区域，其区域风险是不一样的，如长三角地区和珠三角地区的经济发展前景、市场透明度、政府服务水平、政治和法律环境稳定性等都比西部地区要好，因此其面临的区域风险也会比西部地区小。

行业系统风险主要是由于行业总体的利润水平、交易环境、技术变化、发展前景等行业层面的不确定性所产生的风险，而且不同行业对宏观经济环境的敏感度也会使不同行业系统面临的风险大小不同。通过分析行业风险，一方面，可以使银行或金融机构能够更加准确地评估整体风险的大小；另一方面，银行或金融机构也可以更好地分析融资企业的财务状况和经营周期变化是否归因于普遍的行业因素，从而准确地把握融资企业的经营水平。

二、供应链系统风险的识别

供应链金融业务主要依赖供应链上抵质押物的自偿性来偿还贷款，而抵质押物的自偿性水平，也即其销售变现的水平，从中观上来自于供应链系统的稳定性和竞争力，因此可以说，供应链系统风险是分析供应链金融业务所特有的一类系统风险，主要包括供应链系统竞争风险、供应链系统协调风险和供应链系统控制风险三类。

供应链系统竞争风险的主要来源是因为一个行业可能有很多条供应链系统展开竞争，融资企业所在供应链系统的强弱将直接影响到存货的销售水平和应收账款的回收水平，从而产生竞争风险，它会导致供应链系统内大多数企业经营面临冲击，因此在供应链金融业务中必须对供应链在行业经济中的竞争地位变化作出实时的跟踪、识别和评估。

供应链系统协调风险指的是供应链上下游企业的协调合作关系不畅产生的风险。这种协调风险有可能是因为信息交流的水平低下或者是因为相互之间合作意愿的欠缺等造成的。供应链系统协调风险有可能导致供应链中的环节连接不畅，甚至会影响到供应链上的物流运作水平。这对供应链金融业务影响较大，因为供应链金融业务主要依靠抵质押物的自偿性来作为第一还款来源，因此供应链系统中企业间合作的好坏直接影响到商品的流通水平和抵质押物的变现能力，进而从供应链层面影响到具体供应链金融业务的风险大小。

供应链系统控制风险主要关注核心物流企业对供应链系统的控制程度是否有利于供应链系统的发展和稳定，是否能够保持和增强供应链系统在行业内的竞争力。

三、信用风险的识别

虽然供应链金融业务更加注重于债项风险的大小，注重于担保资产的变现风险，但信用风险仍然是银行或金融机构在供应链金融业务中必须关注的一类重要的内部风险。在供应链金融创新下的供应链金融业务信用风险主要包括核心物流企业的信用风险和融资企业的信用风险。

核心物流企业作为供应链和供应链金融业务中的关键企业，其信用风险是供应链金融业务中最重的风险之一。因为核心物流企业最了解融资企业的运作及基本状况，银行或融资企业需要核心物流企业实行专人管理、专人负责，以保证质押的存货和应收账款等担保品能够顺利变现为现金存入封闭式账户，这就要求核心物流企业必须按合约担负监管职能。而在核心物流企业的监管过程中，银行和核心物流企业是委托代理关系，核心物流企业可能因为欺骗、不负责任、虚假上报或者监管失误而产生信用和道德风险，同时，核心物流企业的监管风险将影响供应链金融业务的风险。而且，核心物流企业是否积极配合也将影响融资企业的运作，特别是原材料、产品的进出库、应收账款回收等都和物流企业的监管相关，物流企业的监管水平将直接影响到担保品的变现过程。一般而言，对于物流企业信用风险的考察主要要关注物流企业规模、历史信用、资金流和监管经验水平等状况。

李毅学（2011）归纳了国外商业银行对融资企业的信用风险归类方法，主要有：9C法，即融资企业的品质、能力、资本、抵押、经营情况、持续性、内控、信用记录和相关文档纪录；5P法，即个人因素、目的因素、偿还因素、保障因素和前景因素；LAPP法，即流动性、活动性、盈利性和潜力；

PRISM 法，即前景因素、还款预测、用款目的、保护措施和企业管理情况。

但在供应链金融业务中识别融资企业的信用风险不能照搬以上的这些方法，而是要通过掌握供应链金融业务融资企业的特征，来进行相关的信用风险识别。

(1) 对供应链金融业务融资企业的信用风险必须关注融资企业的规模和发展阶段，必须了解融资企业的设立年限，究竟是新建立的公司还是成立很久的公司，发展现状怎样，有多大的盈利能力和空间，是在快速的成长期还是正经历季节性的波动等。

(2) 需要关注融资企业的财务状况，主要包括三个方面：一是盈利能力和资金周转能力，即是否有满意的收入和现金流，是否具有超额的利息倍数，是否具有稳定一致的销售收入趋势、营运资金变化趋势；二是资产价值、流动性以及杠杆，即是否有高于平均水平的资产、是否有充足的流动性与经营资本以及股权结构和自有资金比例如何等；三是财务历史纪录，包括交易记录和财务披露质量等。美国货币监理署[①]已指出，大多数进行存货与应收账款融资业务的融资企业在运营周期内都很难获得流动资金，它们缺乏足够的现金和信用，常常具有以下特征。

第一，业务中融资企业的财务杠杆高于行业的平均水平。银行或金融机构作为供应链金融的贷款方，关键是要搞清楚造成融资企业低资本率的原因，必须明确企业缺乏资金究竟是因为它刚刚成立，还是因为正在经历快速成长；究竟是盲目地扩张，还是刚遭受损失造成了资本的消耗。弄清楚这些，将使银行和物流企业能够很好地把握融资企业面临的风险。

第二，融资企业一般都有不均衡稳定的收入和现金流。融资企业的行业通常具有高的周期性，作为开展供应链金融业务的贷款方，必须要确定造成融资企业不稳定的收入和现金流的原因，究竟是因为周期性定价的制约还是因为管理团队对市场反应调整太慢。

---

① Comptroller of the Currency, Administrator of National Banks. Accounts receivable and Inentory Financing [EB/OL]. (2000-03-1) [2020-05-28]. http://www.occ.gov/static/publi-cations/handbook/arif.pdf.

第三,负向的财务趋势。进行供应链金融融资的融资企业经常会出现这种状况,贷款方可以事前明确是否可通过严密的监控来改变融资企业的财务平衡表,从而再提供融资企业必要信用的时候降低贷款风险。

(3)需要关注融资企业的管理问题。因为需要贷款的融资企业大多财务杠杆很高或者增长很快,所以有效地控制这类企业的信用风险对管理团队的能力要求也很高。一个好的管理团队能够有效地提高融资企业的生产运营水平,保证存货的稳定销售,实现企业的预期目标,从而保证贷款的安全。在这方面,主要要考察融资企业管理团队的稳定性和行业经验。贷款人需要考察融资企业管理是否有成功的令人满意的记录以及相应的行业经验。此外,还必须考察一系列的实际问题,如融资企业是否有识别、接受与管理风险的非正规的方法,企业管理层是否具有在必要时作出艰难决策的意志,并能恰当地衡量长远利益和眼前利益等。

四、贸易真实性风险的识别

贸易真实性风险也是供应链金融业务中最重要的风险之一,因为这一风险直接关系供应链金融业务的客观状态,如果缺失了贸易的真实性,也就意味着供应链金融业务失去了本源。贸易真实性风险主要包括变现风险、抵质押物形态风险和销售风险。

抵质押物的变现是供应链金融业务的核心环节,抵质押物能不能变现,其价格是会上涨还是下降,对于供应链金融业务而言都很重要。在这一核心业务中,抵质押物的市场价格在贷款期间内并不是稳定不动的,而是具有一定的波动性。当存货的价格往上升时,抵质押物并不存在价格风险,而当存货价格下降,尤其是在短期内骤降,就会给供应链金融业务带来很大的价格波动风险。

抵质押物形态风险主要是关注抵质押物的流动性、标准化水平、配套存储状态等方面产生的风险。例如,在预付账款融资业务中,订单的集中度和订单涉及的抵质押物原材料、半成品和产品的标准化和流动性等就与抵质押物形态的风险大小密切相关。在存货质押融资业务中,选择的质押存货一般应具有以下性质:无形损耗小,不宜变质,易于长期保管;市场价格稳定,波动小，短期内不会过时；适应用途广，流动性强，容易变现；规格明确，标准化程度高，便于计量。质押存货如果不满足以上的性质，就会导致更多抵质押物形态的风险。而在应收账款融资业务中，业务选择的应收账款的集中度、账期合理性以及贷款方对应收账款的管理水平等都和应收账款这一抵质押物的形态风险大小密切相关。

销售风险主要反映了供应链金融业务的自偿性特征，销售风险与销售渠道的稳定性、销售客户的稳定性、销售的范围大小、市场容量的大小、销售账期是否合理等方面的因素密切相关。只有对这些销售风险来源进行有效的识别才能够正确地评估供应链金融业务风险大小，保证贷款的安全。

五、业务操作风险的识别

供应链金融业务的操作风险一般可归为模式风险、流程风险以及具体操作风险三大类。

模式风险主要来自以下方面的不足：业务模式选择不合适、超额担保程度不合适、质押方式和监控强度选择不合理、业务结算情况与业务不匹配、资金使用不合理、没有必要的个人担保或第三方担保方式、没有必要的损害保险、监管方控制方式选择不合适、财务评估报告模式不合适等。目前，可供供应链金融选择的模式很多，不同银行、不同的物流企业、不同的地区都有不同的业务和操作模式，对这些模式的正确制定和选择是供应链金融业务风险管理所需要关注的重要内容。

流程风险主要是指在供应链金融业务流程过程中标准化与信息化方面的不足造成的风险。目前，物流金融业务的水平高低与业务流程标准化程度、信息化程度和可视化程度等方面密切相关。如果业务缺乏社会化程度的仓单规范，缺乏业务流程操作标准等就会导致流程风险，而如果业务信息化程度较低，缺乏银行、物流仓储企业和客户联网的信息网络，也会使业务增加很多流程风险，即便业务建设了必要的信息系统，但这些系统需要大量的硬件和软件，这些硬件和软件的性能和使用情况都会产生大量的风险。因此作为债权人，为确保贷款的回收，就必须关注业务的信息化程度以及和相应风险管理相关的流程标准和具体实施状况。

具体操作风险主要包括银行方面的具体操作风险以及第三方物流企业的具体操作风险，这些与具体操作人员的素质和水平密切相关。银行方面的具体操作风险主要涉及银行人员的具体操作问题，银行一般已有相应的操作规范和事后问责制度进行有效的制约，而对第三方物流企业的具体操作风险，还需要有效的识别、评估和控制。一般而言，物流企业最了解供应链金融业务的运作及基本状况，因此银行在业务中需要充分地利用物流企业的专业能力。首先，在抵质押物的选择过程中，物流企业应协助银行选择合适的商品，满足业务对抵质押物在产权、价格波动、流动性和变现能力等方面的基本要求，从源头上预防业务风险的发生；其次，在贷款期间，物流企业必须协助银行监管好存货的进出库运营和应收账款的回收等过程，有效观测质押存货的价格变动、应收账款的账期延期和其他异常情况，并进行有效的控制，保证抵质押物的变现操作符合合约要求；最后，在发生违约时，物流企业需要协助银行做好善后的处理工作。

这些操作非常的复杂，面临的不确定性很大，因而物流企业面临的具体操作风险也很大，物流企业一方面必须总结经验对具体操作风险进行有效的识别与控制，另一方面必须有效地改进操作规范、物流基础设备和信息系统等硬软件设施，以降低发生操作风险的概率。

第四节　供应链金融风险的评估

供应链金融风险的评估是运用定量分析的方法分析与评估风险事件的发生概率。传统信贷业务有开展多年积累的数据基础，各银行都有完备的数据库，量化分析时有比较成熟的模型。而供应链金融业务是一个相对较新的金融服务领域，数据积累少，且客户群中小企业较多，所以目前并不具备量化模型评估的条件。这就要求银行在供应链金融业务风险评估时注意数据的积累，逐步推进风险量化与模型构建。

一、评估方法

目前,风险评估的模型较多,如层次分析法、模糊综合评价法、神经网络等。本书在此采用层次分析法进行供应链金融的风险评估指标体系设计。该方法主要从系统的观点出发考虑决策的问题,对各个项目风险因素进行重要性、影响力、优先程度的量化分析,为供应链金融风险管理的科学决策提供依据。

(一)层次分析法介绍

层次分析法(Analytic Hierarchy Process,简称 AHP)是美国运筹学家萨蒂(T. L. Saaty)提出的一种将定量分析与定性分析相结合的方法,具体实现方法和计算步骤如下。

(1)分析需要解决的实际问题。将问题分解为若干层次,上一层对下一层起支配作用,形成一个层次结构。

(2)构造两两判断比较矩阵。在确定待解决问题的层次结构后,对因素之间的相对重要性进行判断,在判断过程中,需要给出两个因素之间的相对重要程度。由于重要程度是定性的概念,使用标度定义表转化为定量值。

(3)对于 n 个元素 $A_1, \cdots, A_n$,通过两两比较,得到两两比较判断矩阵 A,且 $A = (a_{ij})_{n \times n}$;其中矩阵元素:$a_{ij} > 0$;$a_{ii} = 1$;$a_{ji} = 1/a_{ij}$。

(4)计算权重。计算比较矩阵 A 的特征向量,得到的值就是权重系数。

(5)校验比较矩阵一致性。步骤如下:

① 计算一致性指标 CI,

$$CI = (\lambda_{max} - n) / (n - 1)$$

其中,n 为比较矩阵的阶数。

② 根据 CI,然后查表确定对应的平均随机一致性指标 RI(见表 7-1)。

表 7-1　　　　　　　　　　　RI 取值表

矩阵阶数	1	2	3	4	5	6	7	8	9	10	11
RI 值	0	0	0.52	0.89	1.12	1.26	1.36	1.41	1.46	1.49	1.52

③ 计算 $CR=CI/RI$。

当 $\lambda_{max}=n$ 时，矩阵具有完全一致性；当 $CR<0.1$ 时，矩阵具有满意的一致性；否则调整矩阵中的元素，使其具有一致性。

（二）建立标度定义表

为了实现针对评价指标的两两比较，进行量化分析，引入了标度的概念，将标度划分为5级，范围是1~9，具体定义如表7-2所示。

表 7-2　　　　　　　　　　　　　　标度定义

标度级别	标度定义	备注
1	两个对比因素的重要程度相等	a_{ij} 表示 a_i 与 a_j 的比较结果；$a_{ji}=1/a_{ij}$，表示 a_j 与 a_i 的比较结果
3	一个因素比另一个略重要	
5	一个因素比另一个较重要	
7	一个因素比另一个强烈重要	
9	一个因素比另一个绝对重要	
2, 4, 6, 8	两个对比因素的重要性介于临近的两个奇数之间	

二、评估体系的构建

通过对供应链金融风险的识别，可以系统地构建融资风险评估体系，如表7-3所示是基于存货质押融资模式的供应链金融风险评估指标体系表，这一体系包括外部风险和内部风险，其中，外部风险包括外部环境与行业系统风险和供应链系统风险，内部风险包括信用风险、贸易真实性风险和业务操作风险。

表 7-3　　　　　　　　　　　供应链金融风险评估指标体系

一级指标	二级指标	三级指标	说明
外部环境与行业系统风险	外部环境风险	—	综合考虑宏观经济、政治和法律环境的不确定带来的风险大小
	区域风险	—	综合考虑与区域相关的经济发展前景、市场透明度、政府服务水平、政治和法律环境稳定性等方面的风险
	行业系统风险	—	综合考虑行业利润水平、交易环境、技术变化、发展前景等方面的风险

续表

一级指标	二级指标	三级指标	说明
供应链系统风险	供应链竞争风险	—	主要考虑融资企业所在供应链在行业中的竞争力
	供应链协调风险	—	主要考虑融资企业所在供应链的协调合作水平
	供应链控制风险	—	主要考虑核心企业掌控供应链的能力及对融资企业存货销售的影响
信用风险	核心物流企业信用风险	企业规模与发展前景	综合考虑物流企业的行业地位、资金规模和专业化程度
		财务状况	考虑物流企业盈利能力和资金周转能力,资产价值、流动性以及杠杆,财务历史记录三个方面的定量和定性指标
		监管水平	考察物流企业在业务上配套的制度和设施情况以及专业监管水平
	融资企业信用风险	企业规模与发展前景	综合考虑融资企业的行业地位、资金规模和专业化程度,进而评估其还款能力
		财务状况	考察融资企业盈利能力和资金周转能力,资产价值、流动性以及杠杆,财务历史记录三个方面的定量和定性指标
		历史信用	考察融资企业在供应链金融业务上的历史信用记录
贸易真实性风险	变现风险	变现能力	考虑抵质押物的流动性水平,综合评估抵质押物的变现能力
	抵质押物形态风险	标准化水平	考虑抵质押物的标准化程度
		存储状态	考虑抵质押物的存储条件、自身是否容易损坏或腐烂等
	销售风险	销售渠道的稳定性	考虑抵质押物销售渠道的数量和稳定性情况
		销售客户的稳定性	考虑销售客户的数量和稳定性情况
		销售范围	考虑销售涉及的范围
		市场容量	考虑销售市场的容量大小
		销售账期	考虑抵质押物销售账期的合理性程度

续表

一级指标	二级指标	三级指标	说明
业务操作风险	模式风险	商业模式	主要考察选择的商业模式是否合理
		质押方式	主要考察选择的质押方式是否合理
		监管方监管方式	主要考察监管方的监管方式和监控的强度是否合理
		财务评估报告模式	主要考察业务的财务评估报告模式是否合理
	流程风险	流程标准化程度	主要考察业务流程的标准化程度
		流程信息化程度	主要考察业务流程的信息化和可视化程度
	具体操作风险	银行的具体操作风险	主要考察银行方面的操作人员素质、相关的业务经验等，综合评估银行的具体操作风险大小
		物流企业的具体操作风险	主要考察物流企业的业务操作人员素质、相关的业务经验等，综合评估物流企业的具体操作风险大小

第五节　供应链金融风险的控制

风险控制是指供应链金融的主要参与者在面对供应链金融风险时，采取相应措施将可能发生的或已经发生的风险控制在一定范围之内。通常意义上，主要由核心物流企业、银行或金融机构等投资主体进行风险控制。对于供应链金融风险可以采取的措施主要有风险回避、风险转移、风险自留、损失控制等。

一、风险回避

风险回避是指投资主体主动避开损失发生的可能性的风险控制方法。它适用于对付那些损失发生概率高且损失程度大的风险，如待融资企业存在多次不良信用，银行或金融机构就不批准其贷款申请。

风险回避是一种投资主体有意识地放弃风险行为,完全避免特定的损失的风险处理方法,但它同时也是一种最消极的风险处理办法,因为投资主体在放弃风险行为的同时,往往也放弃了潜在的目标收益。所以一般只有在以下情况下才会采用这种方法:投资主体对风险极端厌恶;存在同类的可替代的其他方案,且其风险更低;投资主体无能力消除或转移风险;投资主体无能力承担该风险,或承担风险得不到足够的补偿。

风险回避主要是中断风险源,使其不致发生或遏制其发展。这种手段主要包括以下两种。

(1)拒绝承担风险。采取这种手段有时可能不得不做出一些必要的牺牲,但较之所要承担风险,这些牺牲比风险真正发生时可能造成的损失要小得多,甚至微不足道。

银行拒绝企业的授信申请便是一种最典型的风险回避策略。银行应当根据风险承受能力制定明确的风险回避指引,例如有的银行在供应链金融业务指引中规定,自偿性贸易融资授信评级在BBB(含)以下的客户的授信申请一律拒绝;评级为A级、AA级、AA级以上的,也对产品使用进行了不同程度的限制。

(2)放弃业经承担的风险以避免更大的损失。实践中这种情况经常发生。事实证明这是紧急自救的最佳办法。作为投资主体,在投标决策阶段难免会因为某些失误而铸成错误,如果不及时采取措施,就有可能一败涂地。

虽然回避风险能从根本上消除隐患,但这种方法明显具有很大的局限性,有时甚至会有"因噎废食"的隐患,因为并不是所有的风险都可以回避或应该进行回避,所以投资主体应当积极寻找更合适的风险控制方法。

二、风险转移

风险转移是指通过契约,将让渡人的风险转移给受让人承担的行为。通过风险转移过程,有时可大大降低投资主体的风险程度。风险转移的主要形式是合同和保险。

(1)合同转移。通过签订合同,可以将部分或全部风险转移给一个或多个其他参与者。

(2) 保险转移。保险是使用最为广泛的风险转移方式。

风险转移往往需要有第三方承接，因此，一个活跃的供应链金融风险市场是投资主体便利地采用风险转移工具的条件。近年来，我国信用衍生品市场已经开始发展，除了已经推出的出口信用险之外，现在也有很多国外的信用保险机构进入中国，如2003年，法国科法斯集团便与中国平安财产保险公司签署了合作协议，推出企业国内贸易应收账款短期信用保险服务。根据协议，科法斯集团向平安保险提供相关信用保险的技术支持、操作平台及系统资源，平安保险将借助科法斯集团领先的专业经验和丰富的企业资信资源，在中国提供世界水平的国内贸易信用保险服务。

三、风险自留

风险保留也称为风险承担，是指投资主体主动承担风险。也就是说，如果损失发生，投资主体将以当时可利用的任何资金进行支付。

（一）风险自留的类型

风险保留包括无计划的风险自留和有计划的风险自留。其中，无计划的风险自留是指风险损失发生后从收入中支付，即不是在损失前做出资金安排。当投资主体还未意识到风险并认为损失不会发生时，或将意识到的与风险有关的最大可能损失显著低估时，就会采用无计划自留方式承担风险。一般来说，无计划自留方式应当谨慎使用，因为如果实际总损失远远大于预计损失，将引起资金周转困难。有计划的风险自留是指可能的损失发生前，通过做出各种资金安排以确保损失出现后能及时获得资金以补偿损失。有计划风险自留主要通过建立风险预留基金的方式来实现。

（二）风险自留的缘由

投资主体选择风险自留作为风险筹资的措施通常是出于以下几种情况：第一，该风险是不可保的，比如说一些自然灾害损失，如地震、洪水等。在这种情况下，企业采取风险自留的管理措施往往是出于无奈。第二，与保险公司共同承担损失，比如保险人规定一定的免赔额，以第一损失赔偿方式进行赔偿，采用共同保险的方式或者以追溯法厘定费率等。作为一定的补偿，保险人会让渡一部分保费，也就是收取比较低的保险费。第三，投资主体自愿选择风险自留的方式承担风险。

（三）风险自留的措施

一旦投资主体在遭遇供应链金融风险时选择了风险自留，则应当做好以下应对措施。

1. 将损失摊入经营成本

当风险事件发生时，投资主体应将损失计入当期损益，摊入经营成本中。这种方法能最大限度地减少管理细节，但是如果损失在不同年度里波动很大，那么较大的损失将会使投资主体陷入困境。这种办法通常适于处理那些损失频率低并且损失程度较小的风险，或者那些虽然损失频率高但损失程度较小的风险，这些风险通常被投资主体视为摆脱不掉或不可避免的风险。因此，在识别出这类风险后，投资主体应在预算中体现这类风险。

2. 建立意外损失基金

意外损失基金是投资主体根据风险评估了解了风险特征后，根据企业本身的财务能力，预先提取以补偿风险事件所致损失的一种基金。意外损失基金的建立可以采取一次性转移一笔资金的方式，也可以采取定期注入资金长期积累的方式。投资主体愿意提取意外损失基金的额度，取决于其现有的变现准备金的多少，以及它的机会成本。

建立意外损失基金的方法能够积聚较多的资金储备，因而能让投资主体自留更多的风险。但是，它的不足之处在于，按照税务和财务法规，损失费用不可预先扣除，除非损失实际已经发生，而向保险公司交付保险费却是税前列支。建立此项基金的财源一般是税后的净收入。因此，这种办法通常适用于处理那些可能引起较大损失，但这一损失又无法摊入经营成本的风险。

3. 借入资金

风险事故发生后，投资主体可以通过借款以弥补事故损失造成的资金缺口。当意外损失发生后，投资主体无法依靠内部资金度过财务危机时，可以向其他金融机构寻求特别贷款或从其他渠道融资。由于风险事故的突发性和损失的不确定性，投资主体也可以在风险事故发生前，与其他金融机构达成应急贷款协议，一旦风险事故发生，投资主体便可以获得及时的贷款应急，并按协议约定条件还款。

4. 专业自保公司

专业自保公司是投资主体自己设立的保险公司,旨在对投资主体自己或相关企业的风险进行保险或再保险安排。据统计,在《财富》500强企业中有70%的企业设立了专业自保公司。

建立专业自保公司主要基于以下原因。

(1) 保险成本降低,收益增加。专业自保公司由于可以不通过代理人和经纪人开展业务,节约了大笔的佣金和管理费用,其保险费率与本公司或行业内部的实际损失率比较接近,因而可以节省保险费开支。这种方式优于其他自保方式的一点是,向专业自保公司交付的保险费可从公司应税收入中扣除。

(2) 承保弹性增大。传统保险的保险责任范围不充分,保险公司仅承保可保风险,其风险范围不能涵盖投资主体面临的所有风险,不能满足被保险企业多样化的需要,而专业自保公司更易于了解客户面临的风险类别和特性,可以根据自己的需要扩大保险责任范围,提高保险限额,还可根据自身情况采取更为灵活的经营方略,开发有利于投保人长期利益的保险险种和保险项目。

(3) 可使用再保险来分散风险。许多再保险公司只与保险公司做交易。通过设立专业自保公司可以使投资主体直接进入再保险市场,以此分散风险,扩大自己的承保能力,有剩余承保能力的还可以接受分保。

四、损失控制

损失控制不是放弃风险,而是通过制订计划和采取措施降低损失的可能性或者是减少实际损失。损失控制可以事前、事中和事后三个阶段进行。其中,事前控制的目的主要是降低损失的概率,事中和事后的控制主要是减少实际发生的损失。

在损失无法避免的情况下,采用损失控制方式可以有效止损。例如,当投资主体发现融资企业信用状况恶化时,应停止在授信额度内授信的进一步发放;或者对授信支持资产加强监控,并采取必要的资产保全措施等。

第八章

区块链架构下的供应链金融风险管控

上一章,为了完成对供应链金融风险的管控,讲述了对供应链金融风险管控主体的确认、风险的识别、风险的评估和风险的控制,这一章将进一步探讨区块链架构下的供应链金融风险管控的对策、建议和趋势。

第一节 区块链技术在供应链金融风险管控中的应用

我国区块链安全研究中心联席理事长杨帆在分析区块链技术和金融风险控制时曾提出，区块链技术和人工智能将是金融风险管控的必由之路。

一、区块链技术天生是供应链金融风险管控最好的工具

首先，供应链金融便具有天然的风险管控优势。金融业的定位在于通过金融机构以一定的风险定价方式为资金供需双方实现资金融通的服务，实现资源在资金供需双方之间更为有效的配置。在传统商业银行等金融机构的视角下，中小企业由于经营风险较高、可供抵押的资产较少、财务信息不透明等因素使商业银行对于中小企业贷款显得谨慎，惜贷现象严重。

供应链金融作为一种新型的金融融资服务模式，是在真实的贸易背景和融资的前提下进行的，采用闭合式资金运作的模式，运用丰富的金融工具来为中小企业提供个性化的金融服务。供应链金融实现了产业和金融的深度融合，并以此构建了金融生态圈。

在供应链金融视角下，把产业链上的核心企业和上下游中小企业看作一个有机的整体，不再单纯看中企业的静态财务报表，而是对企业的动态经营数据进行实时监控，通过创新型金融工具对原本流动性较差的资产的盘活以及信息化手段对成本的降低，使得高成长性中小企业对于资金提供方的吸引力大为增加。

由于供应链金融业务是在真实的贸易背景和融资的前提下进行的，并以整个产业链为依托，这一特性决定了其风险系数明显要低于传统金融机构的信贷业务，供应链金融风控具有天然优势，有利于有效降低各参与方的放贷风险。

供应链融资由于连续性较强、额度小、频次高，因此对经营数据进行实

时监控可以及时发现风险，降低应收账款、预付账款等动产质押的坏账率。当然，高频次、小额度的贷款对业务操作的流畅性和实效性要求很高，因此对互联网技术的依赖更强。从实际操作来看，动产质押贷款的违约率相较不动产或担保贷款等方式的违约率要低得多。

区块链技术的发展和加入，让供应链金融的风险管控具有更强的力度和可靠性。

区块链技术有个非常重要的特性就是去中心化和不可篡改性，由于它的不可篡改性，它的交易过程具有公开透明和不可重复的特性，由此形成了供应链金融风险控制中的核心关键。现在的供应链金融风险控制在互联网、物联网等现代科技的发展下，比起最初已经可以解决很多的问题了，但是区块链技术的去中心化和不可篡改性，却解决了之前的互联网供应金融风险控制解决不了的问题。不得不说，区块链技术的加入，让供应链金融风险控制打开了新的大门，有了质的飞跃。

另外，区块链技术天生具备信用的基因，它是信用互联网技术的根本，从某种程度上来讲，区块链技术的关键是从技术方面给供应链金融业务创造了一个新的贡献力，有了这个贡献力之后，我们由此可以利用区块链技术，在交易的双方，在金融业务的过程当中比较容易确立可信的主体、可信的客体、可信的交易过程、可信的物流，包括可信的纠纷处理机制以及可信的监管机制，如果离开区块链，过去在这个过程中，不管是金融还是非金融交易，这些问题都是比较难以系统性解决的难题，正因为这样，在当下规模较大的综合性平台上，如淘宝、京东、百度，在金融方面，甚至在区块链本身技术发展方面依然存在一些漏洞，只有在区块链技术方面进一步发展，这些风险和难题，将有可能得到系统性的解决。

二、人工智能比人脑更具有优势

以前的金融风险管控，更多的都是基于人类经验的管控，然后随着技术的发展，开始了数据评估卡的风险管控，未来风险管控的发展方向一定是走向人工智能的，因为人工智能只关注基于统计数据基础上的相关性，而且可以激活人在金融风险管控技术系统中最活跃的要素，这样的话从某种程度排斥了人在金融风险管控当中的一种主观性的缺陷，所以其算法的复杂程度和难度远超过人类经验，从而不仅是在深度、难度、广度，而且在时间和空间等各个方面，都有优势。

人工智能与大数据能够更准确地量化经营风险，其中涉及人工智能优化大数据风险管控模型的五大要素，第一是确立最好的大数据收集和解决方案；第二是更好的风险管控模型；第三是在信用评级和风险定价方面比人脑更具有优势，是智能风险管控的核心；第四是便于数据存储和处理方案，是人工智能大数据风险管控技术的核心；第五是能够更容易地把所得到的相关的风险管控要素集成到客户数据化终端，使客户体验更好，公司运营效率更高。

三、"区块链+人工智能"是金融风险管控的倍增器

区块链技术对风险管控有其特有的方式，人工智能技术对风险管控也有其特有的方式，把两者集成起来一定会形成不同的路径和方法。用区块链技术构建金融风险管控数据体系是由内向外，是人与人，以及从风险管控本质和区块链征信技术天性结合出发，来全面有效地提高金融风险管控能力，所以区块链技术对侧重于从静态的角度，去打造金融风险管控可信的架构、可信的流程和可信的交易。人工智能构建大数据风险管控系统是由外向内地、客观地反映各要素之间关系的风险管控的系统，它用人工智能模型和算法技术天性相结合的方法来全面提高风控点，更加理性，更加抽象。这两种技术的各自优势结合之后，在金融风险管控方面一定会产生颠覆性的提速和产业的迭代性升级。

第二节 区块链架构下供应链金融风险管控的对策及建议

一、加强对市场风险的识别预防管理

对于市场风险的管理，首先需要从风险识别入手，鉴别风险的来源以及

哪些项目可能受此风险，并分析其成因。其次对风险因素进行定量分析，摸清情况，综合考量风险所带来的得失进行决断。控制利率风险最根本的方法是在我国实现利率市场化，在利率市场化改革完成之前，商业银行可以采取的风险控制方法主要有缺口管理和套期保值两大类。用套期保值的方法管理利率风险有很多不同的方案，其中最主要的是远期利率协议、利率期货合约、利率互换和利率期权。对于汇率风险的管理主要可以采取对汇率风险敞口进行管理、对外汇持有期限进行管理和对汇率波动程度进行管理三类。

二、强化整个供应链相关授信主体的综合准入管理

供应链金融是从整个供应链角度出发对链上各个交易方开展的综合授信业务，因此需要结合供应链总体运营状况对授信企业的主体准入和交易质量进行整体性的评审，需要从供应链关联的角度对链上各主体业务能力、履约情况以及与对手的合作情况作出客观、全面的评价。

要注重强化对核心企业的授信准入管理。供应链融资各种业务模式直接或间接都涉及核心企业的信用水平，核心企业在对上下游企业融资起着担保作用的同时，其经营风险也对供应链上其他企业具有直接的传递性，直接决定着供应链业务整体的荣损，对其准入管理尤为重要。

要真实反映供应链上下游中小企业的信用风险。在供应链融资业务中，银行通过交易结构的设计一定程度上将企业的授信风险与主体信用分隔开了，但债项授信与主体授信的分割并不意味着银行就能忽视授信与主体自身的信用风险，银行也不能单纯凭借债项自偿性和核心企业的信用增级，而盲目地降低对中小企业的信用准入要求，而应该将主体信用与债项评级相结合，通过综合考察授信申请人的综合实力、财务报表、经营效益、交易活动、自偿程度，全面客观地评价中小企业的信用风险，重点选择与核心企业合作紧密度高、已建立稳定的商品购销关系、已得到核心企业的推荐或认可、生产经营正常、主业突出、主营产品销售顺畅、应收账款周转速度和存货周转率以及销售额和现金流量稳定、历史交易记录和履约记录良好的合作主体。

三、优化业务操作流程，规范各操作环节职责要点

供应链金融操作流程环节众多、操作风险复杂多变，商业银行应根据供应链融资业务特点重新设计业务流程，合理划分岗位职责，通过设置专业的业务部门、制定专门的业务操作指引、建立有效的内控管理制度、健全相应的操作风险管理机制，实现对各流程环节操作风险的有效控制。

要细化各流程操作指引，建立起明确而又细致的操作规范要求。在贷前调查阶段，考虑到信息要求比一般企业授信更复杂，银行应建立专业的调查、审查模板和相关指引，调查人员应按照模板要求的框架进行信息收集，有效降低调查人员主观能力对调查结果有效性的影响；在授信业务落地环节，应细化与授信主体及其上下游企业之间合同协议签订，印章核实、票据、文书等的传递以及应收类业务项下通知程序的履行等事项的操作职责、操作要点和规范要求；在出账和贷后管理环节，应明确资金支付、质物监控、货款回笼等事项的操作流程、关注的风险点和操作的步骤要求，使得操作人员有章可循，严格控制自由裁量权。

要针对业务管理需要，明确权责。建立起专业的管理部门、设置专业的管理岗位、明确流程环节中各岗位的职责分工，并细化到岗、到人，实现由专人专岗负责业务推动、业务管理、价格管理、核库、巡库、合同签署、核保、资金支付和回笼监管等相关工作，使得各岗位之间能够做到既相互衔接配合又相互监督检查，真正实现通过流程化管理落实对供应链金融业务的封闭操作和全程监控，实现供应链金融业务的专业化运作和集约化运营。

四、提升对抵质押资产的动态管理

抵质押资产作为银行授信的物质保证，其变现能力是授信安全的重要指标。为确保抵质押资产的足值性和有效性，银行要落实好以下两方面管理要求。

一方面，注重对抵质押资产的选择。在选择抵质押物时，应选择市场需求广阔、价值相对稳定、流通性强、易处置变现、易保存的产品。为明确抵质押物的权属关系，要让质权人提供相关的交易合同、付款凭证、增值税发

票、权属证书以及运输单据等凭证，通过严格审查相关凭证，有效核实质物权属，避免质押物所有权在不同主体间流动引发权属纠纷；在选择应收账款时，应选择交易对手实力强、资信高，双方合作关系稳定、履约记录良好、交易内容和债权债务关系清晰的应收款，应确保应收账款所依附的基础合同真实有效，应收账款处于债权的有效期内且便于背书转让等。

另一方面，加强对抵质押资产的价值管理。要建立质物价格实时追踪制度，完善逐日盯市操作和跌价补偿操作要求，依据各商品的信贷条件设置价格波动警戒线，一旦价格跌至警戒线以下，及时通知经销商存入保证金或补货。与此同时，要建立起对授信主体销售情况、经营变化趋势的监控机制，定期跟踪其销售情况、财务变化、货款回笼等影响银行债权的信号，严格要求其根据销售周期均匀回款，有效控制抵质押资产的价值变化风险。

五、完善针对物流监管方的监督检查机制

在供应链融资业务中，物流监管方起到"监管者"、"中间者"和"信息中枢"的作用。物流监管方不仅受银行委托对客户提供的抵质押物实行专业化的监管，确保质押物安全、有效，而且掌握了整个供应链上下游企业货物出库、运输和入库等信息的动态变化。银行正是通过物流监管方对质押物的监管来实现物流和资金流的无缝对接。但当前物流监管方中存在的缺乏专业技能、诚信度不高，甚至与贷款企业合谋欺诈银行等现象，使对物流监管方的准入管理和监督检查显得尤为重要。

为防止物流监管方操作不规范、管理制度缺陷给银行带来损失，应重点选择经营规模大、知名度高、资信情况好、仓储设备专业、管理技术先进、操作规范完善、监管程序严谨以及员工素质高的监管方开展合作。要建立起对物流监管方不定期的检查制度，加大巡查频度，重点检查监管方是否严格按照流程进行抵质押物保管及出入库操作，出入库台账是否齐全，手续是否完备，质押货物是否足值，货物储存方式、库容库貌是否符合要求，日常管理是否到位等。对于不符合管理要求的物流监管方，要及时督促改进，整改不力的要坚决退出。

六、要加快区块链技术的发展和信息系统建设

区块链技术由于其去中心化、开放性、自治性、不可篡改性等特点，可以有效保证交易数据的真实性，一方面最大限度地降低授信的法律风险，扩大供应链金融的授信范围，为核心企业及各级供应商提供信任基础；另一方面又可以有效提高金融机构监管效率和有效性，节省大量的人力和财力成本，提升融资效率，降低金融机构经营风险。因此，为更好地实现供应链金融风险管控，应通过加快区块链技术的发展和信息系统建设，从而实现对供应链金融业务总量、业务结构、融资商品、监管企业合作情况等相关要素的电子化统计，实现日常融资货物质押及解押操作、报表统计、风险提示信息、库存情况分析等工作的电子化，使业务操作流程化、透明化，降低业务操作对人员的依赖，减少人为的随意性，提高供应链金融安全性。

第三节　区块链架构下供应链金融风险管控的发展趋势

在智慧供应链、互联网供应链、区块链全面发展的环境下，供应链金融的风险管理要真正实现全过程、全方位、全天候的管理，就需要在制度环境、管理要素、技术手段以及企业内部和企业之间产业互联网系统的全面整合，从而更好地服务于供应链运营和服务场景，推动产业运行和金融的有效融合。

区块链+供应链金融已被广大的学者和研究人员认定为是区块链在银行风险管理领域的最佳应用场景。目前，区块链在银行领域已经开始尝试应用于一些场景，包括支付结算、贸易融资、征信辅助查询等。未来，随着中国人民银行、国家金融监管部门进一步加强金融监管力度，若能从顶层配套设计制定区块链技术的指引及规范，区块链或有机会成供应链金融领域的技术标配，成为银行和金融机构降低合规风险、监管风险的必备武器。珠海华润银行的罗德文在结合了多年的供应链金融实操经验后，提出了以下几条供应链

风险控制的发展趋势。

一、支付、清算和结算

支付、清算和结算是现阶段区块链技术在金融领域应用较为成熟的领域,特别是跨境支付结算、同业清算。在上述领域应用区块链,第一,有助于降低金融机构间的对账成本及解决争议的成本,从而显著提高业务的处理速度及效率;第二,应用区块链技术后无须第三方参与,即可实现端到端的价值结算,可以降低价值转移的成本,缩短清算、结算时间;第三,同业之间的支付、清算、结算一般遵循较强约束力的法律法规、行业惯例、内部约定,应用区块链的智能合约等特性,实现自动化与智能化,减少人工干预,降低业务操作风险。

二、数字化资产登记

参考区块链的初始实现方式,部分金融机构同业也在探索对客户资产实施区块链应用。如在个人业务、信用卡服务等部门,运用区块链技术管理客户的积分、优惠券等;在公司金融、贸易融资领域,银行与签发机构合作将物权凭证,包括电子保单、仓单、提单等,形成可溯源、可追踪、不可篡改、流通性更强的数字化资产。资产实现数字化后,银行可以探索将更多手工流程转变为标准化、自动化处理。以贸易金融为例,当物权凭证实现数字化后,信用证就可变成带有区块链智能合约功能的贸易结算及融资工具,开证行接收到受益人电子交单,且满足相符一致的条件,即可通过智能合约触发自动化支付;受益人通过链上提交符合条件的电子单据并有贸易融资的需求,银行即可自动批出专项贸易融资授信额度。概括而言,应用区块链技术的数字化资产,既为金融机构采取自动化处理带来便利,降低操作成本、欺诈风险及人工操作的成本和风险,又能为金融机构的客户带来更快速、更便捷的体验。

总的来说,区块链在金融机构应用层面的运用,包括支付结算、数字资产等,其主要的实现方式为建立金融同业之间的联盟链,或在金融机构内部建立私有链,面向的领域为轻量级、多对手交易的场景,解决的困境为提高效率、降低成本。

三、"区块链+供应链金融"前景广阔

从金融价值创造的角度出发,"区块链+供应链金融"可以说是区块链在银行风险管理领域的最佳应用场景,具有广阔的市场空间。

首先,信息是供应链金融风控的关键点。供应链金融的系统性、结构性的业务理念,决定了信息流是供应链金融风险把控的关键。如何获取真实、有效、全面的数据,既是供应链金融风险控制的基础,又是风险控制的难点。应用区块链的分布式账本可以为上述问题从信息来源端找出解决方案:通过区块链对端到端的信息数据实现透明化,所有参与方都通过一个去中心化的记账系统分享商流(合同、订单等)、物流(仓储、物流、运输等)信息。区块链技术犹如为金融机构与供应链参与方建立一个微信群聊,处于同一微信群的成员都可以看到相同的交易信息,且信息在每个参与方中记录储存,不可篡改。金融机构根据真实的贸易背景、实时产生的数据开展授信决策,加速资料数据收集、校验、评估的作业时间,提升决策的精确性和效率。

其次,供应链的系统风险管理、动态管理是供应链金融风控的着眼点,也是区别于传统信贷单一主体进行信用评估的特点之一。基于社会分工的理论产生了现代供应链,核心企业、供应商、经销商、分销商、终端用户、物流及仓储等众多参与主体共同构成了商品产、供、销的链条,不同的主体之间存在大量的、持续的交互协作,产生的信息分散地保存在各个环节及各自的系统内。如何从多个参与方中平行地、及时地、全面地获得数据并完成风控的交互操作,成为动态管理的难点。信息发布与获取的不平等、不及时、不共享造成金融机构的信息不对称,不利于金融机构了解、评估、分析供应链整体、系统的状况及存在的问题。区块链技术是以"平等参与、数据共享、大规模协作"为初创理念的技术,天然地适合运用于供应链管理。借助区块链为供应链生态多元主体信息建立交互平台,使交易各方公开透明参与,形成完整、流畅、实时且可溯源的信息流,改善供应链信息互通与相互协作,从而提升供应链整体效率;在此基础上,通过区块链赋予金融机构信息参与的角色,有助于金融机构了解供应链整体运行,有效判断及把控供应链的系

统风险，增强金融供给效能。

最后，对供应链参与方的履约监控及约束，是保障供应链金融资产安全的重要防线。供应链金融是依附在真实交易上的金融方案设计，业务风险与交易参与方的履约环环相扣、紧密关联。以应收账款融资为例，买方是否按付款指令足额付款（履约），是融资回收的第一保障；若为核心企业提供风险缓释措施，在风险条件触发后，核心企业是否按指令进行回购、退款等风险补偿履约措施，直接影响融资是否产生不良。现行实际操作中，上述履约约束主要来源于"法律信任""合同信任"，但履约过程中可能存在法律争议，后期将增加处理时间及成本。引入区块链"智能合约"，将上述合同约定事项上链，使其变为自动触发与操作，引入"技术信任"弥补履约中的意外过程和主观违约可能，确保金融方案设计风控措施的效果，保障融资安全。

四、"区块链+供应链金融"风控创新的实现路径

（一）人才机制：建立"金融+区块链"的人才团队及机制

金融机构要在区块链领域探索、实操并落地，首先需要建立"金融+区块链"的人才团队，接受新的理念和科技，理解区块链技术的原理，熟悉供应链金融业务的模式及特点、风控思维和方法。目前，能够把探索性的区块链前沿理论变成应用技术方面的人才较为短缺。因此，金融机构应结合自身的战略规划及探索目标，采用包括自主培养、第三方专业合作及第三方参与共建等形式，储备专业人才团队。

（二）价值联盟：建立核心企业与金融机构的联盟链

"区块链+供应链金融"的前提为供应链上各参与方的数据需上链，有赖于供应链中的核心企业与金融机构互信互惠，达成"产业+金融"协同做强供应链的价值共识，并由核心企业与金融机构主导共同建立联盟链。联盟链的建立与聚合，必须以提升价值为目的；联盟链的稳定及扩大，有赖于金融机构与供应链上下游客户共同创造价值、实现多赢。

（三）循序渐进：以实例切入具体的业务及产品

金融机构应用区块链技术，不适合蜂拥而上，也不适合追求区块链应用的大而全，需要循序渐进地进行试点、改良和总结，然后再进行推广。特别

是应用前沿的金融科技优化风险管控,一方面,金融机构需改变风控思维上"只能对、不可错"的传统观念,允许容差与试错,在机制上给予创新空间;另一方面,通过将业务实例应用到区块链,从局部的风控功能优化扩大至类型业务、产品的风控创新,找到适合金融机构自身规模、风险文化、风控体系的最佳实践。

总而言之,以往的"物流金融"实际上只是"物"的金融,而不是"物流"的金融,因为基于动产的金融活动,严格意义上讲只是控制和管理了静态的"物"(包括货物的真实存在、权益清晰、可市场化、保值性等),而没有真正把握"物"在供应链不同环节、不同主体、不同位置的变化,价值的增减以及流转的方向。而脱离了"流"的管理,就容易产生相应的风险。同样,目前开展的供应链金融,虽然已经不再是"物"的金融,开始转向"流"的金融(即基于债项结构本身的风险控制),但是客观讲它还只是"链条流"而非"网络流"。换言之,目前对供应链商流、物流和资金流的把握只是局部的,并没有真正涵盖整个网络体系。因此,有了区块链的助力,供应链金融才能更好地实现产业、制度和技术层面的全面整合,供应链金融的风险才能从根本上得以控制,并且逐步从目前中心化的风险管理走向去中心化的风险管理,亦即实现真正意义上的基于区块链的供应链金融风险管理体系。

参考文献

[1] 宋华. 供应链金融 [M]. 北京：中国人民大学出版社, 2015.

[2] 宋华. 互联网供应链金融 [M]. 北京：中国人民大学出版社, 2017.

[3] 深圳发展银行中欧国际工商学院"供应链金融"课题组. 供应链金融：新经济下的新金融 [M]. 上海：上海远东出版社, 2020.

[4] 段伟常. 区块链供应链金融 [M]. 北京：电子工业出版社, 2018.

[5] 张钟允. 读懂供应链金融 [M]. 北京：中国人民大学出版社, 2019.

[6] 韩劲松, 徐宏伟, 贺晓光. 区域经济视域下物流金融发展策略研究 [M]. 北京：中国商业出版社, 2019.

[7] 华为区块链技术开发团队. 区块链技术与应用 [M]. 北京：清华大学出版社, 2019.

[8] 段伟常, 胡挺. 供应链金融的法律风险分析 [J]. 中国储运, 2012 (02).

[9] 李毅学. 基于金融系统工程的物流金融风险识别分析 [J]. 华东经济管理, 2011 (10): 35-39.

[10] 李毅学. 供应链金融风险评估 [J]. 中央财经大学学报, 2011 (10): 38-39.

[11] 罗亮. 基于区块链的供应链金融创新 [J]. 银行家, 2019 (08).

[12] 孙士奇. 区块链技术的发展及应用 [J]. 信息系统工程, 2018 (10) 85-88.

[13] 李赫, 孙继飞, 杨泳, 等. 基于区块链 2.0 的以太坊初探 [J].

中国金融电脑，2017（06），57-60.

[14] 王一鸣，宁叶，周天，等. 商业银行供应链金融的风险及防范——基于交易对手信用风险的视角 [J]. 金融理论与实践，2017（08）：37-41.